De Goede Week in de Orthodoxie

Een liturgische verklaring van de Heilige Week

Aartspriester
Alexander Schmemann

© Thomas van der Horst&Gozalov Books, Den Haag, 2023
Tel.: +31(0)6 209 77 203; +31 (0)70 352 15 65
E-mail: gozalovbooks@planet.nl
Website: www.hetsmallepad.nl

ISBN: 9789079889709; 978-90-79889-70-9

De oorspronkelijke titel van het boek is "Orthodoxy holy week: a liturgical explanation for the days of Holy week", 1964, St. Vladimir's Seminary Press (Internet Archive). In eerste instantie gepubliceerd door het 'Department of Religious education, Orthodox Church in America'. In het vervolg zal de vertaling van 'the Holy Week' telkens letterlijk vertaald worden.
Vertaler: Thomas van der Horst, vanderhorstatm@gmail.com
Correctie: Klooster Moeder Gods Portaïtissa, Trazegnies, België, portaitissa@skynet.be

Inhoudsopgave

De auteur van dit boek over de Goede Week, Vader Alexander Schmemann, aartspriester in de Russisch Orthodoxe Kerk, werd in 1921 te Revel, het huidige Tallinn, de hoofdstad van Estland, geboren als tweelingzoon in een Russische emigrantengezin afkomstig uit St.Petersburg. Zijn vader Dimitry diende als militair in het leger van de Tsaar, maar werd na de Revolutie met zijn gezin verbannen naar Estland. Toen de kinderen nog klein waren verhuisde het gezin door naar Parijs. Daar was reeds een omvangrijke gemeenschap van Russische emigranten met eigen Russische scholen. De jonge Alexander koos op den duur voor een Frans lyceum. In die tijd werd hij misdienaar en subdiaken in de St.Alexander Nevsky Kathedraal. Het zou zijn bakermat worden voor zijn latere loopbaan als priester. In de oorlogsjaren (1940-1945) studeerde hij aan de Sorbonne, de Universiteit van Parijs, en vervolgens aan het Orthodox Theologisch Instituut van St.Sergius aldaar. Dit instituut was na de ontstane verwarring als gevolg van de Russische Revolutie uitgegroeid tot het centrum van de Russische Orthodoxe wetenschap. Eén van Alexander Schmemanns docenten was *Vader Sergius Bulgakov* (1871-1944), mede-oprichter van het instituut en één van de leidende, zij het niet onomstreden, theologen van de twintigste eeuw.

Priesters mogen in de Orthodoxe Kerk gehuwd zijn mits hun huwelijk voor de priesterwijding heeft plaatsgevonden. Vader Alexander trouwde daarom al tijdens zijn studietijd in 1943 en wel met *Juliana Ossorguine* (1923-2017). Ook zij was emigrant. Haar familie was verdreven van hun landgoed ten zuiden van Moskou. Drie jaar na hun huwelijk werd Vader Alexander priester gewijd in 1946. Vanaf dat moment tot 1951 was hij docent kerkgeschiedenis aan het St. Sergius Instituut. Als man met een sterke passie en oog voor de wereld om hem heen raakte hij actiever betrokken bij het leven van de Orthodoxe Kerkgemeenschap in Frankrijk, alsmede bij haar oecumenische contacten.

Het zijn de jaren waarin de Liturgische Beweging in de Rooms-katholieke Kerk volop actueel was. Na een eerste aanzet door de Rooms-katholieke monnik *Dom Louis Pascal Guéranger[1]* in 1832 om de liturgie te hervormen en haar in zijn gregoriaanse schoonheid te herstellen, ontstond in de tientallen jaren daarna een hernieuwde belangstelling voor de Liturgie. Vader Alexander Schmemann uit in zijn dagboeken zijn bewondering voor de gregoriaanse hymnen. In het voetspoor van *Dom Guéranger* gaf de eveneens benedictijnse monnik *Dom Lambert Beauduin* vervolgens in1909 de aanzet tot de Liturgische Beweging bij wijze van een oproep om de gelovigen een actievere rol in de liturgie te geven. Het was de tijd waarin in bredere zin Duitse en Franse theologen op zoek gingen naar een herbronning van heel het kerkelijke leven vanuit het gedachtengoed van de Kerkvaders. Als vanzelfsprekend zocht Dom Beauduin toenadering tot de Orthodoxe Kerk, niet om te bekeren, maar om al luisterend elkaar te vinden en te respecteren. Hij stichtte daartoe een oecumenisch klooster in het Belgische Amay, dat later naar Chevetogne werd verplaatst. In 1953 was Dom Lambert Beauduin voor het eerst aanwezig op een bijeenkomst over orthodoxe theologie in 'Saint-Serge.'[2] Vader Alexander, die contacten met Chevetogne onderhield, was net twee jaar daarvoor tot professor in de kerkgeschiedenis benoemd aan het Orthodox Theologisch Instituut St.Vladimir te New York, waar hij vanaf 1962 tot zijn dood op 13 december 1983 decaan was. Verder was hij als professor verbonden aan enige andere theologische instituten en hij was bovendien een veelgevraagd gastspreker in het hele land.

In St.Vladimir had Vader Alexander uit hoofde van zijn functie als kerkhistoricus een focus op het verleden. Maar vanuit die invalshoek keek hij tevens met een scherpe kritische blik naar de actualiteit. Hij voelde zich in alle opzichten betrokken bij zowel de Kerk als bij de ontwikkelingen in de wereld. Niets leek hem te ontgaan. In deze jaren voelde hij dan ook

---

1 Dom Paulus Delatte, Dom Guéranger, Abt van Solemnes, 2 delen / uitgegeven door Abdij Sint Benedictusberg Vaals, 1969, I, p.107: bisschoppelijke goedkeuring voor uitwerking van de hervormingsinitiatieven.

2 Jacques Mortiau en Raymond Loonbeek, Dom Lambert Beauduin [1873-1960] – Stichter van Chevetogne, Voorloper met een wijde blik (Valkhof Pers, 2005)

een groeiende passie om antwoorden te vinden op de actuele vragen van zijn eigen tijd, echter wel op een heel ander vlak dan zijn tijdgenoten, zoals hij dit naderhand formuleerde in het voorwoord van zijn boek over de Eucharistie waarin hij de crisis in Kerk en wereld typeert als een 'eucharistische crisis,' een thema dat hem vanaf zijn adolescentie al bezighield:

> "Wellicht zullen veel mensen verbaasd zijn, dat ik, in antwoord op deze crisis, voorstel om onze aandacht niet te richten op haar diverse aspecten, maar veeleer op het sacrament van de Eucharistie en op de Kerk, waarvan het leven uit dat sacrament voortvloeit. Ja, ik geloof oprecht, dat juist hier in dit Heilige der Heilige van de Kerk, in deze opgang naar de Tafel des Heren in zijn Koninkrijk, de bron van de vernieuwing is waar wij op hopen. En ik geloof oprecht, zoals de Kerk het altijd geloofd heeft, dat deze opwaartse reis begint met het 'opzij zetten van alle aardse zorgen' door deze overspelige en zondige wereld te verlaten. Geen ideologische poespas of moeite meer, maar een geschenk uit de hemel zijn is de roeping van de Kerk in de wereld, de bron van haar dienstbaarheid."[3]

Het duurde niet lang eer hij met zijn unieke inbreng herkend en erkend werd als een leidende exponent van de Orthodoxe liturgische theologie, die de liturgische traditie van de Kerk als de belangrijkste expressie ziet van het christelijk geloof. Zijn latere mededocent John Meyendorff, die net als Alexander Schmemann kerkhistoricus was, schrijft in zijn *In Memoriam*[4] na het overlijden van Vader Alexander over diens opmerkelijke ommekeer van kerkgeschiedenis naar de liturgiewetenschap in de begin van de jaren vijftig. Dit *In Memoriam* is achterin dit boek opgenomen.

---

3 Alexander Schmemann, The Eucharist – Sacrament of the Kingdom / St.Vladimir's Seminary Press (1984). Een Nederlandse vertaling van dit boek is in voorbereiding (2023).

4 Vader John Meyendorff, In Memoriam Protopresbyter Alexander Schmemann / www.schmemann.org - SVTQ - John Meyendorff, "A life worth living".

Alexander Schmemann promoveerde op 5 juli 1959 aan het Orthodoxe Theologisch Instituut St. Sergius op het proefschrift 'Tserkovny Ustav: Opyt Vvedeniia v Liturgicheskoe Bogoslovie' (The church Ordo: Introduction to Liturgical Theology). In het spoor van de Franse en Duitse theologen van de Roomskatholieke Liturgische Beweging wil ook Vader Alexander weg uit het denken over de liturgie vanuit louter regels (rubrieken) en scholastieke classificaties. Sinds de Middeleeuwen leken de westerse theologische discussies over de Eucharistie en de Sacramenten alleen nog maar te gaan over een bijna technische genadewerking. In verhouding daarmee leken de theologen slechts aandacht te hebben voor zaken als de morele gesteltenis van de priester of die van de gelovige rond de vraag wanneer een sacrament wel of niet geldig of geoorloofd gegeven of ontvangen wordt. Dit denken is ook in de Orthodoxie binnengedrongen constateert Vader Schmemann in zijn werk over de Eucharistie, zijn geliefde thema. De Orthodoxie zou zich teveel hebben laten beïnvloeden door deze westerse tendensen. Vader Alexander hield net als de theologen van de Liturgische Beweging vurige pleidooien om vanuit de theologie van de Kerkvaders terug te keren naar de Bijbelse kerngedachtes. In zijn boek over de Grote Vasten, *The Great Lent – Journey to Pascha* benadrukt Vader Alexander zo'n Bijbelse kerngedachte die voor de Kerkvaders belangrijk was, namelijk de koppeling van de Grote Vasten als voorbereiding op het Paasfeest, hetgeen de Apostel Paulus bondig samenvat in zijn verkondiging dat we in Christus sterven, verrijzen, gedoopt worden en leven (o.a. Rom.6):

> "Christus zegt in het Evangelie: kies de smalle weg, worstel en lijd want dat is de enige weg naar werkelijk geluk. En hoe zouden we zonder de hulp van de Kerk die verschrikkelijke keus kunnen maken, hoe kunnen we ons bekeren en terugkeren naar wat ons ieder jaar met Pasen glorieus beloofd wordt? En hier wordt de rol van de Grote Vasten duidelijk. Het is het hulpmiddel dat de Kerk ons biedt, de leerschool voor de bekering, het enig mogelijke om Pasen niet louter te beleven als het weer mogen eten en drinken en het goed hebben,

maar werkelijk als het sluitstuk van het 'oude' in ons, als onze intrede in het 'nieuwe'.

In de vroege Kerk was het hoofddoel van de Vasten om de catechumenen, dit wil zeggen, de nieuw bekeerde christen, voor te bereiden op het Doopsel dat in die tijd nog gedurende de Paasliturgie werd toegediend. Maar zelfs toen het nog maar zelden voorkwam dat de Kerk volwassenen doopte en het instituut van het catechumenaat verdween, bleef de grondreden van de Vasten dezelfde. Want zelfs al zijn we gedoopt, datgene wat we voortdurend verliezen en waaraan we ontrouw zijn, is precies dat wat we bij het Doopsel ontvingen. Daarom is Pasen ieder jaar onze terugkeer tot ons eigen Doopsel – terwijl de Vasten onze voorbereiding is op die terugkeer – de taaie en volgehouden inspanning om onze eigen doortocht of 'Pascha' naar het nieuwe leven in Christus waar te maken.

Als de vastendiensten, zoals we zullen zien, zelfs nu nog hun karakter van catechese en doopdienst bewaren, dan is dat niet bedoeld als een archeologisch restant van vroeger, maar als iets dat kracht geeft en essentieel voor ons is. Want de Vasten en het Paasfeest, nogmaals gezegd, zijn elk jaar voor ons herontdekken en hervinden van wat er, door ons eigen afsterven en onze verrijzenis in het Doopsel, met onszelf gebeurd is.

Een tocht, een pelgrimstocht! Maar wel zo, dat we, als we aan het begin staan, als we de eerste stap zetten in de 'lichtende droefheid' van de Vasten, dat we – ver, ver weg – de eindbestemming zien. Dat is de vreugde van Pasen, dat is het binnentreden in de glorie van het Koninkrijk. En het is dat visioen, die voorsmaak van Pasen, die de droefheid van de Vasten lichtend maakt en onze inspanning om de Vasten te beleven tot een 'geestelijke lente'. De nacht kan donker en lang zijn maar de hele weg door lijkt er een mysterieuze en stralende dageraad aan de horizon te glanzen. "Laat onze hoop niet vergeefs zijn, o Menslievende"."[5]

5 Alexander Schmemann, De Grote Vasten – Ascese en Liturgie in de Or-

Dit voorliggende boek over de Heilige Week zou gezien kunnen worden als een natuurlijk vervolg op Vader Alexanders beschouwing over de Grote Vasten. Zijn reflecties over de Heilige Week echter komt men niet zo gauw tegen in overzichten van zijn publicaties. Zelfs de Amerikaanse versie van Vader Alexanders dagboeken *The Journals of Father Alexander Schmemann*[6] maakt er achterin het boek geen melding van, of het moet zijn dat dit artikel over de Heilige Week een onderdeel vormt van een van de daar genoemde boeken, maar daar heeft de vertaler geen aanwijzingen voor gevonden. In deze vertaling is volgend op de tekst over de Heilige Week een bloemlezing gegeven van al die dagboeknotities waarin de Grote Vasten en Pasen ('Pascha') ter sprake komen. Ze geven een goed beeld van de belevingswereld van Vader Alexander.

Het scharniermoment tussen de Grote Vasten en de Heilige Week is in zekere zin Lazarus-zaterdag, de zaterdag voor Palmzondag. Het verhaal uit Johannes 11 over de opwekking van Lazarus, de goede vriend van Jezus, is in de westerse Kerk alleen in het A-jaar als zondagse lezing opgenomen en dus is het veel minder als een krachtig geloofsgegeven aanwezig in de voorbereiding op Pasen dan in de Orthodoxe Kerken, waar het de start van de Heilige Week is en als voorbode van de Opstanding van de Heer gezien en beleefd wordt. Voor Vader Alexander is deze zaterdag van een meer dan bijzondere betekenis, zoals hij het in zijn dagboeken beschrijft op 17 April 1976 als *"mijn favoriete feest van alle feesten".* Na het lange vasten komt nu het eind in zicht in de vorm van de vreugde van het Paasfeest. In de diensten bespeurt hij een zowel opgetogen als ingetogen sfeer van rechtvaardiging en leven. Traditioneel is het het Paasfeest zelf dat getypeerd wordt als *'het Feest der Feesten'.* Wetenschappelijk onderzoek heeft aldus Vader L.van Dinteren aangetoond dat Pasen zelfs tot de vierde eeuw nagenoeg het enige kerkelijke feest was:

"Oorspronkelijk moet men alleen het Paasfeest gevierd hebben. Het Paasoktaaf, Pinksteren en Hemelvaart, de

thodoxe Kerk / Monastieke Cahiers 42, Uitgaven Abdij Bethlehem B-2820 Bonheiden, p.23-24
6 The Journals of Father Alexander Schmemann 1973 – 1983; translated by Juliana Schmemann / St.Vladimir's Press Crestwood, NY, p.353

Goede Week en de veertigdagentijd, Geboorte en Epifanie ontstaan ruwweg in de loop van de 4e/5e eeuw (met misschien aanzetten in de 3e)". (...) Het is interessant om te zien dat feesten zoals Pinksteren, Kerstmis en Theofanie niet alleen qua inhoud, maar ook qua vorm afhankelijk zijn van Pasen. Baumstark probeerde al in 1938 aan te tonen dat de vigilies van deze feesten afhankelijk zijn van die van het Paasfeest. Hij deed dat op grond van de basisstructuur van de lezingen- roosters. (...) De inhoudelijke eenheid blijkt bovendien nog uit de meer dan frappante parallel tussen de Feest-Iconen van Kerstmis, Theofanie en Pasen, waar Christus telkens afgebeeld wordt als de neerdalende in het duister (de donkere grot) om de mens daaruit te redden.

Tot slot is tekenend dat in sommige officiële boeken Kerstmis 'Pasen' genoemd wordt (in de literatuur ook wel 'Pasen van de Winter'.[7]

Vader Thomas Hopko, mededocent van Vader Alexander op het St.Vladimir's Seminary te New York, goede vriend en in een later stadium zijn opvolger als deken, schreef over de term 'het Pasen van de Winter' het volgende:

"De liturgische verzen en hymnes voor Kerstmis en Epifanie, het Pascha van Christus' incarnatie en manifestatie in het vlees, herhalen die van Pasen, het Pascha van Christus' dood en Opstanding. De geboorte en Doop van de Heer zijn direct verbonden met Zijn sterven en opstaan. Hij werd geboren om te sterven.

---

7 L.K.M.van Dinteren, Opdat Gods Glorie Openbaar Worde – De 'lex orandi' als theologisch verantwoord fundament van orthodoxe missie-theologie, p.80, voetnoot 1
Overigens is het interessant in dit verband het verslag van Egeria te vermelden, de welgestelde Romeinse vrouw die met grote waarschijnlijkheid in 318 het Heilig Land bezocht. Zij zegt namelijk op het feest van de toewijding van Jezus in de tempel: "De veertigste dag na Epifanie wordt hier werkelijk met alle eer gevierd. Want op die dag is er een processie naar de Anastasis, en iedereen gaat mee en alles wordt volgens de juiste ordening met grote vreugde gedaan zoals met Pasen". (In het land van de Bijbel – Reisverslag van Egeria, een dame uit de vierde eeuw / vertaald en toegelicht door Vincent Hunink / Uitg.Verloren 2011, p.129, 26)

Hij werd gedoopt om te verrijzen. De alheilige Epifanie heet officieel in de Orthodoxe Kerk Theofanie. De harmonie tussen de gebeurtenissen is overweldigend. De schoonheid ervan is bijna meer dan de gelovige kan verdragen.

Vandaag wordt aan het kruis gehangen
Hij die de aarde boven de wateren heeft gehangen.

> *Vandaag wordt uit de Maagd geboren*
> *Hij die in Zijn hand de gehele schepping draagt.*

De Koning van de engelen
is gekroond met een doornenkroon.

> *Sterflijk is Hij, en in doeken gewikkeld,*
> *Die volgens Zijn wezen onaanraakbaar is.*

Hij Die de hemel met wolken bekleedt,
is bekleed met het purper van de spot.

> *God Zelf ligt in een kribbe,*
> *Die in den beginne de hemelen bevestigd heeft.*

Hij Die Adam in de Jordaan bevrijd heeft,
aanvaardt de slagen in het gezicht.

> *Uit een moederborst wordt met melk gevoed,*
> *Hij Die in de woestijn het manna deed regenen*
> *voor het volk.*

De Bruidegom van de Kerk is met spijkers door-
boord.

> *De Bruidegom van de kerk roept de wijzen tot*
> *Zich.*

De Zoon van de Maagd wordt met een speer door-
boord.

*En als Zoon van de Maagd aanvaardt Hij hun
gaven.*

Wij aanbidden Uw lijden, o Christus!
Wij aanbidden Uw lijden, o Christus!
Wij aanbidden Uw lijden, o Christus!

Wij aanbidden Uw geboorte, o Christus!
Wij aanbidden Uw geboorte, o Christus!
Wij aanbidden Uw geboorte, o Christus!

Toon ons ook Uw glorievolle Opstanding!

Toon ons ook Uw glorievolle Theofanie![8]

Jezus lag als een kind in de grot tijdens de regering van Keizer Augustus, om onder Pontius Pilatus in het graf te liggen. Hij werd opgejaagd door Herodes, om door Kajafas gevangen te worden genomen. Hij werd begraven in de Doop, om door het Kruis in de dood af te dalen. Hij werd aanbeden door wijze mannen, opdat de hele schepping Hem zou aanbidden in Zijn triomf over de dood. Het Pascha van Zijn Kruis werd voorbereid door het Pascha van Zijn Komst. Het Pascha van Zijn Opstanding werd begonnen door het Pascha van Zijn Menswording. Het Pascha van Zijn Verheerlijking werd voorzegd door het Pascha van Zijn Doopsel. Dit is wat christenen elk jaar vieren. Het was Vader Alexander Schmemann die het als eerste betitelde als 'het Winter Pascha'.[9]

Vader Schmemann spreekt in zijn dagboeken, die hij bijhield tussen <u>1973 en</u> 1983, het laatste decennium van zijn leven,

8 "Deze verzen worden gezongen tijdens de dienst van de Metten en op het negende uur van de Grote en Heilige Vrijdag en op Kerstavond" (voetnoot en tekst uit: Thomas Hopko, The Winter Pascha / St.Vladimir's Seminary Press 1984, p.10v).
9 "Terwijl de Typikon van de Orthodoxe Kerk Kerstmis 'een prachtige driedaagse Pascha' noemt, werd de uitdrukking 'Winter Pascha' bedacht door Vader Alexander Schmemann, wijlen decaan en hoogleraar liturgische theologie aan het St.Vladimir's Seminarie, aan wiens nagedachtenis dit boek is opgedragen". (voetnoot idem).

in zijn beschouwingen over de liturgie vaak over de beleving
door de gelovigen. Hij vond de beleving van de liturgie door
de gelovigen menigmaal niet diepgaand genoeg. Het is daarom interessant om de wisselwerking te zien tussen Vader
Alexanders kennis, die hij presenteert in het artikel over de
Heilige Week, alsmede zijn eigen beleving van die Week, zoals
hij deze dus verwoordt in zijn dagboeken. Daar tussendoor
zien we dan ook nog zijn eigen worstelen m.b.t. de plaats van
de Kerk in de moderne tijd en wat haar toekomst zal zijn. Zijn
dagboeken werden na zijn dood pas ontdekt en zijn uit het
Russisch vertaald door zijn vrouw Juliana. Hij duidt haar aan
met een 'L', haar verkorte naam Liane. Zijn vrouw is zijn grote
steun en toeverlaat met wie hij lange inhoudelijke gesprekken kan hebben. Als zij dagen lang van huis en op reis is, mist
hij haar verschrikkelijk en dat terwijl hij zelf ook zo vaak op
reis was. In zijn aantekeningen noemt hij keer op keer zijn eigen vermoeidheid, zijn ziekte en de werken hij tussen al zijn
drukke bezigheden nog voor zijn dood wilde afronden, m.n.
zijn boek over de Eucharistie.
Eén van Vader Alexander's activiteiten was zijn jarenlange
betrokkenheid bij *Radio Liberty*. Dit radiostation richtte zich
met haar uitzendingen op de Sovjet Unie, waar mensen veel
te lijden hadden van de dictatuur en het onderdrukken van de
vrijheid van godsdienst. De schrijver *Alexander Solzjenitsyn*,
die jarenlang in Siberische kampen gevangen zat, was een
van de aandachtige luisteraars. Over de strafkampen schreef
Solzjenitsyn een internationale bestseller: *'De Goelag Archipel'*. Toen hij eenmaal vrij kwam wilde hij zo snel als maar
mogelijk was met Vader Alexander kennismaken. Op zijn
beurt volgde ook Vader Alexander het wel en wee van Solzjenitsyn, las diens boeken en gaf er lezingen over. Daarom is
als bijlage tot slot uit het boek van Alexander Solzjenitsyns
Stories and Prose poems[10] het korte verhaal *"The Easter Procession,"* toegevoegd. Zo moge de combinatie van de teksten
van beide Russische schrijvers in hun wederzijdse respect
voor elkaar verhelderen hoe groot de plaats van het Paasfeest

---

10 Zie voetnoot 192. Voor wat betreft de spelling van de naam van deze
schrijver wordt in dit boek de oorspronkelijke Engelse aanduiding van de
auteursnaam aangehouden, maar in de vertaalde tekst van Vader Alexander Schmemann zal de gebruikelijke Nederlandse spelling 'Solzjenitsyn'
gehanteerd worden.

is in de beleving van de Orthodoxe gelovigen en van de Russen in het bijzonder.[11]
Het is boeiend om gedegen kennis te nemen van de publicaties van Vader Alexander Schmemann, omdat deze een nieuw licht kunnen werpen op ons eigen liturgisch bewustzijn en mogelijk bijdragen aan een gemeenschappelijke oecumenische beleving, ondanks dat de verschillende tradities hun eigen stijl behouden.
Ter versterking van de catechese van Vader Alexander zijn afbeeldingen van de iconen uit de Heilige Week in dit boek opgenomen. Over de plaats van iconen in de liturgie schrijft hij in zijn boek over de Eucharistie. Voor dit moment is het van belang te weten dat de Orthodoxe Kerk de Grote Vasten begint met de *Zondag van de Triomf van de Orthodoxie*, waarmee men a.h.w. de oprijlaan naar 'het Feest der Feesten' opgaat. Men viert op deze eerste Vastenzondag de overwinning van de voorstanders van iconen, de iconofielen, op de iconoclasten, die vast wilden houden aan het klassieke beeldenverbod, zoals dat ook door de joden en de moslims tot op de dag van vandaag in stand gehouden wordt. Michel Counot zegt over de verbeten strijd tussen beide partijen:

> "Het concilie van Nicea II van 787 (zevende oecumenische concilie dat de vier voorgaande bezegelt) lijkt beslissend. De iconofielen wordt het vuur aan de schenen gelegd door de iconoclasten, en ze verdedigen de iconenverering met alle mogelijke theologische middelen. Hun overwinning mondt uit in de herinvoering van de iconencultus die een laatste opflakkering van geweld veroorzaakt in het begin van de 9[e] eeuw (813-842), namelijk onder keizer Leo V de Armeniër. Maar de kloosterwereld houdt stand tot de eindoverwinning in 843, het jaar van de triomf van de orthodoxie (het rechte geloof) over alle ketterijen. De 11de maart is dan ook uitgeroepen tot feest van de orthodoxie en wordt tot op heden gevierd, elk jaar op de eerste zondag van de Grote Vasten".[12]

---

11 Wie graag een fotografisch beeld wil krijgen van beide schrijvers kan op het internet een aantal foto's van beiden en van Vader Alexander en zijn vrouw Juliana vinden.
12 Michel Quenot, De Icoon – Venster op het Absolute / Uitg.Lannoo-Axios

Wie voor het eerst in een orthodoxe kerk komt ziet al hoe de gelovigen bij binnenkomst eerst de iconen vereren en de afgebeelde heiligen begroeten. Het is zoals wanneer men op bezoek gaat eerst de gastheer of -vrouw begroet, nadat hij of zij de voordeur geopend heeft. De iconen, die in dit boek zijn opgenomen, zijn reeds bestaande iconen van twee professionele iconografen, te weten *Joris van Ael* uit Gent en *Geert Hüssstege* uit Eindhoven:

Joris van Ael is sinds 1979 zelfstandig iconograaf. Hij ontving zijn vorming bij twee orthodoxe leermeesters te Parijs: Dhr.Bernard Frinking en Dhr.Leonid Ouspensky. Hij realiseerde verschillende belangrijke opdrachten waaronder verscheidene feestdagiconen voor de abdijen van Vlaanderen en Nederland. Tevens een passiecyclus in 16 iconen voor de St.Antoniusparochie van Brasschaat en verscheidene kerken in Vlaanderen en Wallonië. Van1998 tot 2018 leidde hij sessies iconografie in de abdij van Averbode. Tentoonstellingen van zijn werk waren te zien in Gent, Leuven, Brugge en Antwerpen. Zijn publicaties vindt u in de voetnoot.[13] Op zijn website zegt Joris over de plaats van de iconen in het geheel van de liturgie: "Wat een icoon tot icoon maakt, is naast de onveranderlijke thema's en portretten vooral haar 'taal'. Deze

(1993).
De grote kerkvader Johannes Damascenus, de laatste van de Griekse Kerkvaders, schreef tussen 726 en 730 zijn *'Tegen hen die de heilige iconen smaden'* (vertaling van F.v.d.Meer en G.Bartelink, uitgegeven door Uitg. Het Spectrum Utrecht/Antwerpen – 1968) waarin hij overtuigend beargumenteerde dat er met het schilderen van iconen geen enkele sprake is van het schenden van het bijbelse beeldenverbod (Ex.20,4), omdat met de Menswording van God in Jezus er een nieuwe werkelijkheid geldt, zoals Jezus het zegt: "Wie Mij ziet, ziet de Vader" (Joh.14,6-14). Iconen zijn dus geen afgodsbeelden, maar zijn bedoeld als 'gedachtenisbeeltenissen', zoals de Eucharistie een gedachtenisviering is, een tegenwoordig stellen van de Drieëne die aanwezig wil zijn.

13 Joris van Ael, Mijn lied draagt uw Naam door de tijden – een studie over liturgie, symbolen en iconen (1996) 2004. Dit is een bijzonder rijke beschouwing over de liturgie en heel haar symboliek. In het kader van de meditaties van Vader Alexander Schmemann over de Heilige Week is vooral Joris' boek over het lijdensverhaal van de Heer zeer toepasselijk: Joris van Ael, Jezus' lijdensverhaal in 16 iconen / Uitg.Ten Have-Averbode (2007), met op p.96-98 de beschouwing over de icoon 'Jezus beklimt het kruis'.

taal kan men alleen begrijpen als men de diepe werkelijkheid
die haar voortbrengt kan aanvoelen. Het gaat om het Christusmysterie zelf waarvan heel de eredienst van de Oosterse
Kerk een 'Symbolgestalt' wil zijn".[14]
Joris heb ik persoonlijk leren kennen als de drijvende kracht
achter het Leerhuis van de Kerkvaders, gevestigd te Gent.[15]
Ik heb hem ervaren als een docent met een enorme kennis
over de christelijke leermeesters uit de eerste eeuwen. Het
Leerhuis presenteert een vijfjaarlijks lesprogramma voor
wie zich in de patristiek wil verdiepen en de bronnen van het
christelijk geloof wil herontdekken. Ter ondersteuning van
die opgedane theoretische kennis organiseert het Leerhuis
het ene jaar een reis naar een gebied dat van groot historisch
belang is wat betreft de Kerkvaders en het andere jaar een
meerdaagse conferentie met boeiende sprekers. Een en ander geschiedt in nauwe samenwerking met de Gentse Orthodoxe parochie Heilige Andreas en de Rooms-katholieke bisdommen van Gent en Brugge.

In dit boek over de Goede of de Heilige Week is de icoon op
de voorkant *'Jezus beklimt het Kruis'* van de hand van Joris
van Ael. Deze icoon typeert misschien wel het meest de orthodoxe leer over de Passie van Christus: de Heer zelf heeft
in gehoorzaamheid aan de Vader ermee ingestemd het Kruis
op zich te nemen, zoals Hij ook iedere leerling, die Hem wil
volgen, opdraagt dit te doen in navolging van Hem (Lc.9,23).
Dit is eigenlijk een beeld dat de hele Goede of Heilige Week
tekent. Het is een uitnodiging aan iedere gelovige zich nadrukkelijk te verdiepen in alle geloofspunten, die deze week
de revue passeren!
Ook de iconen van Heilige Donderdag, Grote en Heilige Vrijdag en Zaterdag zijn door Joris van Ael geschilderd. Met dank
aan de huidige eigenaar van de twee eerstgenoemde iconen,
de Parochie HH Jacobus en Antonius te Brasschaat-Kapellen,
die instemt met deze publicatie.

---

14 Joris van Ael, 'Iconen, vanwaar komen ze en wat kunnen ze voor betekenen (2008)/ Bron: http://iconenjorisvanael.be/Publicaties/index.php (januari 2023)
15 Leerhuis van de kerkvaders: *https://www.kerkvaders.be/leerhuis*

Geert Husstege schildert eveneens in de Russische stijl. Hij
is zijn opleiding begonnen in België, heeft zijn studie in We-
nen voortgezet en in Rusland afgerond. Hij maakt zijn eigen
tekeningen gebaseerd op traditionele afbeeldingen. Naast
opdrachten voor nieuwe iconen in binnen- en buitenland
verzorgt hij cursussen iconen-schilderen en geeft lezingen en
workshops. Hij heeft verschillende projecten gehad. Zo was er
in 2009 de rondreizende tentoonstelling 'Christus-mysteries'.
Dit project heeft hij opgezet rondom het Christus-portret ofwel het 'Heilig Aanschijn'. Het hieraan gekoppelde 'Francis-
cus-project' betrekt iedere mens ongeacht zijn afkomst of
situaties bij onze maatschappij. Het doel is om samen één
familie te zijn en de vrede in ieders leven en in de wereld te
bevorderen. De pauselijke encycliek Pacem in Terris van Johannes XXIII is zijn richtsnoer.
De bescheiden context van deze voorliggende uitgave laat
een dieper ingaan op de betekenis van de afgebeelde iconen
helaas niet toe. Er zijn echter talloze publicaties o.a. van bo-
vengenoemde iconografen, websites en iconenschildercur-
sussen die daarin voorzien.
Mijn dank gaat uit naar Joris van Ael en Geert Hüsstege, alsmede naar de monialen van het Klooster Moeder Gods Portaïtissa, voor hun nauwgezette tekstcorrecties en bovendien
veel dank aan de uitgever, die met groot enthousiasme en
betrokkenheid het samenstellen van dit boek begeleid heeft.
Tot slot: bij een vertaling van een tekst van een schrijver
die reeds overleden is, lijkt de aandacht zich te richten op
het verleden, maar een vertaling wordt opgesteld vanuit de
overtuiging dat de overleden schrijver in een heden leefde
dat nog steeds als een heden betekenis kan hebben voor de
tegenwoordige tijd. De omstandigheden toen en nu verschil-
len, maar de onderliggende patronen zijn hetzelfde, zoals bijvoorbeeld de eeuwenoude conflicten tussen macht en liefde,
tussen eindigheid en oneindigheid en vooral tussen geloof en
ongeloof.
Vader Alexander Schmemann heeft zich intensief betrokken
gevoeld bij de mensen in zijn tijd, om wier lot hij begaan was
in zijn eigen Orthodoxe Kerk, in de andere Kerken, maar hij
was ook meer dan begaan met het lot van de wereld waarin
hij leefde. Het is niet moeilijk om te achterhalen hoe hij zich
zou opstellen in de onze tijd. Ook in deze tijd, anno 2023, zou

hij zich met zijn heldere inzicht in scherpe bewoordingen hebben uitgelaten over het huidige conflict tussen Rusland en de Oekraïne. Zijn stem zou overal in Rusland, maar ook in de Oekraïne te horen zijn via Radio Liberty. Hij zou opkomen voor de waarheid, voor recht en gerechtigheid. Toch zou zijn boodschap zowel vredelievend als verzoenend zijn. Hij zou een levend bewijs zijn dat het Oosten en het Westen deel uit kunnen maken van één wereld door in vrede en eendrachtig met elkaar aan elkaars toekomst te bouwen. Moge daarom in dit boek de stem van Vader Alexander doorklinken als een oproep tot verzoening.

Thomas van der Horst, vertaler
Zondag 5 maart 2023 – Zondag van de Triomf van de Orthodoxie

Lazaruszaterdag (Geert Hüsstege)

I. LAZARUSZATERDAG

Het begin van het Kruis: Zaterdag van Lazarus

"Nu wij de Veertig Dagen volbracht hebben.... vragen wij de Heilige Week van Uw Lijden te mogen zien." Met deze woorden, die in de Vespers van Goede Vrijdag gezongen worden, eindigt de Vastentijd en begint voor ons de jaarlijkse herdenking van het lijden, de dood en de Verrijzenis van Christus. Het begint op de Zaterdag van Lazarus.[16] Het dubbele feest van de opwekking van Lazarus en de Intocht van de Heer in Jerusalem wordt in de liturgische teksten beschreven als 'het begin van het Kruis.' Het moet daarom binnen de context van de Heilige Week gezien worden. Het gemeenschappelijke tropaar[17] van deze twee dagen zegt expliciet dat Christus de waarheid van de opstanding van allen bevestigt door Lazarus uit de doden op te wekken. Het is van zeer groot belang dat wij in de duisternis van het Kruis binnengeleid worden door een van de twaalf grote feesten van de Kerk. Licht en vreugde <u>schijnen niet al</u>leen aan het eind van de Heilige Week, maar

16 De zaterdag voorafgaand aan Palmzondag.

17 'Tropaar' komt van het Griekse 'troparion' dat 'wijsje' betekent, een verkleinwoord van 'tropos' (wijze, toon). Het is een kort liturgisch gezang van de byzantijnse ritus. Meestal bestaat het uit één oratorisch-lyrische periode waarbij de hoofdinhoud besloten wordt door een korte doxologische formule ('Heer, eer zij U') of een smeekbede. Deze aanroeping werd vroeger, na inlassing van psalmverzen of Eer aan de Vader, telkens herhaald (deze wijze van uitvoering is nog bewaard op 24 dec. en 5 jan. en in de Goede Week bij de troparia vóór de profetiën). Door zijn bondige formulering, eenvoudige structuur (meestal nevenschikkend zinsverband) en ritmische cadenzen, gemarkeerd door verhoging van toon op de sterke accenten die, ook in het Griekse origineel, nooit een octaaf overschrijden, is het tropaar een echt populair liturgisch gezang. Daar het hoofdtropaar van een feest in alle liturgische diensten voorkomt, vaak zelfs driemaal herhaald, is het een kostbaar volksbezit geworden, zoals dit in het westen eeuwenlang de traditionele Maria-antifonen en sacramentshymnen zijn geweest. (Bron: Liturgisch Woordenboek / J.J.Romen & Zonen, Roermond en Maaseik (1958-1962), p.2717

tevens aan haar begin. Zij verlichten de duisternis zelf en openbaren zijn diepste betekenis.

Allen die vertrouwd zijn met de Orthodoxe Eredienst kennen het bijzondere, bijna paradoxale karakter van diensten op Lazaruszaterdag. Het is een zondags-, d.w.z. een Opstandingsdienst, op een zaterdag, een dag die gewoonlijk gewijd is aan de liturgische herdenking van de overledenen. De vreugde die deze diensten doordringt, benadrukt één centraal thema: de aanstaande overwinning van Christus op de Hades. De Hades is de Bijbelse term voor de Dood in zijn universele macht, voor die onontkoombare duisternis en vernietiging die al het leven opslokt en de hele wereld met haar schaduw vergiftigt. Maar nu - met Lazarus' opwekking – "begint de dood te beven". Daar namelijk begint het beslissende duel tussen Leven en Dood en het geeft ons de sleutel tot heel het liturgische mysterie van Pascha. In de Vroege Kerk werd Lazaruszaterdag 'de Aankondiging van Pascha' genoemd ter aankondiging van en anticipatie inderdaad op het prachtige licht en de vrede van de volgende zaterdag - de Grote en Heilige Zaterdag, de dag van het Levenschenkende Graf.

Lazarus, de Vriend van Jezus

Laten we allereerst goed begrijpen dat Lazarus, de vriend van Jezus, de hele mensheid en elke mens verpersoonlijkt. Zo is tevens Bethanië, de woonplaats van Lazarus, dè Mens, daarmee het symbool van de hele wereld als het thuis van de mens. Want ieder mens is als vriend van God geschapen en werd tot deze Goddelijke vriendschap geroepen: de kennis van God, de gemeenschap met Hem, het delen van het leven met Hem: "In Hem was het leven en het leven was het licht der mensen" (Joh.1:4). Toch wordt deze vriend die God liefheeft, die Hij in liefde heeft geschapen, d.w.z. tot leven geroepen, van het leven beroofd en vernietigd door een kracht die God niet heeft geschapen, namelijk de dood. God treft in Zijn eigen wereld een macht aan die Zijn werk verwoest en Zijn ontwerp vernietigt. De wereld is slechts klaagzang en verdriet, tranen en dood. Hoe is dit mogelijk? Hoe heeft dit kunnen gebeuren? Dit zijn de vragen die worden geïmpliceerd in Johannes' langzame en gedetailleerde verhaal over

Jezus' komst naar het graf van Zijn vriend en eenmaal daar staat er: "Jezus weende" (Joh.11,35). Waarom weent Hij als Hij weet dat Hij Lazarus aanstonds weer tot leven zal roepen? De Byzantijnse hymnografen slagen er niet in de ware betekenis van deze tranen te vatten. Zij schrijven ze toe aan Zijn menselijke natuur, terwijl de kracht van de opstanding in Hem aan God toebehoort. De Orthodoxe Kerk leert echter dat alle handelingen van Christus 'theandrisch' zijn, d.w.z. zowel goddelijk als menselijk. Het zijn de daden van één en dezelfde God-Mens. Zijn tranen zijn dus echt goddelijk. Jezus weent omdat Hij de triomf over de dood en de vernietiging in de door God geschapen wereld overpeinst.

Liefde, de macht van het leven

"Het stinkt al," zeggen de Joden die proberen te voorkomen dat Jezus het lijk nadert, en deze vreselijke waarschuwing is van toepassing op de hele wereld, op heel het leven. God is Leven en de Gever van Leven. Hij riep de mens in de Goddelijke werkelijkheid van het Leven en zie "het stinkt..." De wereld is geschapen om de glorie van God te weerspiegelen en te verkondigen en "het stinkt". Bij het graf van Lazarus treft God de Dood aan, de realiteit van anti-leven, van vernietiging en wanhoop. Hij treft Zijn Vijand aan, die Hem Zijn Wereld ontnomen heeft en er de vorst van wordt. En wij die Jezus volgen als Hij het graf nadert, treden met Hem dat uur van Hem binnen, dat Hij zo vaak aankondigde als de climax en de vervulling van Zijn gehele werk. Het kruis, de noodzaak en universele betekenis ervan worden aangekondigd in het kortste vers van het Evangelie: "Jezus weende..."[18] We begrijpen nu dat het is dat Hij weende, d.w.z. Zijn vriend Lazarus beminde, daar Jezus de macht had om hem terug te roepen tot het leven. De macht van de Verrijzenis is geen goddelijke "macht als zodanig", maar de macht van de liefde, of beter gezegd de liefde als macht. God is Liefde en Liefde is leven, Liefde schept Leven... Het is Liefde die huilt bij het graf en het is Liefde die het leven herstelt. Dit is de betekenis van de Goddelijke tranen van Jezus. In hen is liefde opnieuw aan het werk – het herscheppen, verlossen, herstellen van het verduisterde leven van de mens: "Lazarus, kom tevoorschijn!..."

---

18 Joh.11, 35

Daarom is Lazaruszaterdag het begin van beide: het Kruis, als
het Allerhoogste offer van de liefde en de Verrijzenis, als de
uiteindelijke overwinning van de liefde.

Palmzondag (Geert Hüsstege)

II. PALMZONDAG

Palmzondag: De Intocht

De Zaterdag van Lazarus is liturgisch gezien het voorfeest van Palmzondag – de Intocht van de Heer in Jerusalem. Beide feesten hebben een gemeenschappelijk thema: triomf en overwinning. Zaterdag brengt de Vijand, dat is de Dood, aan het licht. Palmzondag kondigt de betekenis van de overwinning aan als de triomf van het Koninkrijk van God, als de aanvaarding door de wereld van haar enige Koning, Jezus Christus. In het leven van Jezus was de plechtige intocht in de Heilige Stad de enige zichtbare triomf. Tot op de dag van vandaag verwierp Hij consequent alle pogingen om Hem te verheerlijken. Maar zes dagen voor het Pesach[19] aanvaardde Hij het niet alleen om verheerlijkt te worden. Hij zelf provoceerde en arrangeerde deze verheerlijking door te doen wat de profeet Zacharias voorspelde: "Zie, Uw Koning komt tot u... nederig en rijdend op een ezel" (Zac. 9:9). Hij maakte duidelijk dat Hij geprezen en erkend wilde worden als de Messias, de Koning en de Verlosser van Israël. De Evangelieverhalen leggen de klemtoon op al deze messiaanse kenmerken, zoals de palmen, het roepen van het "Hosanna" door de menigte, het uitroepen van Jezus als de Zoon van David en de Koning van Israël. De geschiedenis van Israël nadert nu zijn einde. Dat is de betekenis van deze gebeurtenis, want het doel van die geschiedenis was om het Koninkrijk van God, de komst van de Messias, aan te kondigen en voor te bereiden. Nu is het tot vervulling gekomen, want de Koning gaat Zijn Heilige Stad

19 'Pesach' is het Joodse Paasfeest. Vader Alexander gebruikt hier het woord 'Passover,' terwijl hij ook voor Pasen van 'Pascha' en 'Easter' spreekt. In deze vertaling wordt de term 'Pascha' als de term met inhoudelijke duiding onvertaald gelaten en 'Easter' gehanteerd waar het gaat om het meer dagelijkse taalgebruik.
In zekere zin is het overigens jammer dat als gevolg van nieuwe spellingsregels de term 'Pascha', die voorheen ook in Nederland gebruikelijk was, niet meer doorklinkt zoals dat ooit wel het geval was in bijvoorbeeld de oude spelling 'Paaschfeest'.

binnen en in Hem vinden alle profetieën, alle verwachtingen hun vervulling. Hij wijdt Zijn Koninkrijk in. De liturgie van Palmzondag herdenkt deze gebeurtenis. Met palmtakken in onze handen identificeren wij ons met het volk van Jeruzalem, samen met hen begroeten wij de nederige Koning en zingen Hosanna voor Hem. Wat is evenwel de betekenis hiervan voor ons vandaag?

Burgerschap in het Koninkrijk

Ten eerste is het onze belijdenis van Christus als onze Koning en Heer. Wij vergeten zo vaak dat het Koninkrijk van God allang is ingehuldigd en dat wij er al op de dag van onze Doop burgers van werden gemaakt en onze loyaliteit eraan beloofden boven alle andere loyaliteiten. Laat ons dan niet vergeten dat Christus inderdaad een paar uur Koning was op aarde in deze wereld van ons, slechts een paar uur en in één stad. Net als wij in Lazarus het beeld van iedere mens hebben herkend, herkennen wij in deze ene stad het mystieke centrum van de wereld en zelfs van de gehele schepping. Want dat is de Bijbelse betekenis van Jeruzalem, het brandpunt van de hele geschiedenis van zaligmaking en verlossing, de heilige stad van Gods advent, van Zijn komst. Daarom is het Koninkrijk dat in Jeruzalem is geïnaugureerd een universeel Koninkrijk, dat in zijn perspectief alle mensen en de totaliteit van de schepping omvat. Slechts een paar uur, maar toch was dit het beslissende moment, het ultieme uur van Jezus, het uur van vervulling door God, van al Zijn beloften, van al Zijn besluiten. Dit uur kwam als het eind van het hele proces van voorbereiding dat in de Bijbel werd geopenbaard: het was het einde van alles wat God voor de mensen deed. En zo krijgt dit korte uur van Christus' aardse triomf een eeuwige betekenis. Het introduceert de realiteit van het Koninkrijk in onze tijd. In elk uur geeft dit Koninkrijk de betekenis van de tijd en van zijn uiteindelijke doel. Het Koninkrijk werd in deze wereld geopenbaard. Sinds dat uur oordeelt en transformeert zijn aanwezigheid de menselijke geschiedenis. En op het meest plechtige moment van onze liturgische viering, wanneer wij van de priester een palmtak ontvangen, vernieuwen wij onze eed aan onze Koning en belijden wij Zijn Koninkrijk als de uiteindelijke betekenis en inhoud van ons leven. Wij belijden dat alles in ons leven en in de wereld aan Christus toebehoort, niets kan worden afgenomen van zijn enig ware Eigenaar, want er is geen gebied van het leven waarin Hij niet mag regeren, redden en verlossen. Wij verkondigen de universele en volledige verantwoordelijkheid van de Kerk voor de menselijke geschiedenis en houden haar universele zending stand.

De Weg van het Kruis

Wij weten echter dat de Koning die de Joden destijds toejuichten en die wij vandaag toejuichen, op weg is naar Golgotha, naar het Kruis en naar het graf. Wij weten dat deze korte triomf slechts de voorbode van Zijn offer is. De takken in onze handen geven daarom aan, dat wij paraat en bereid zijn om Hem te volgen in deze offergang. Bovendien duiden ze op ons instemmen met opoffering en zelfverloochening als de enige koninklijke weg naar het Koninkrijk. En ten slotte zijn deze takken in deze viering als een verkondiging van ons geloof in de uiteindelijke overwinning van Christus. Zijn Koninkrijk is nog verborgen en de wereld wil er niet van weten. Zij leeft alsof de beslissende gebeurtenis niet heeft plaatsgevonden, alsof God niet aan het Kruis is gestorven en de Mens in Hem niet uit de dood is opgestaan. Toch geloven wij, orthodoxe christenen, in de komst van het Koninkrijk waarin God alles in allen zal zijn en Christus de enige Koning. In onze liturgische vieringen herdenken wij gebeurtenissen uit het verleden. Heel de betekenis en de kracht van de Liturgie is dat het herdenken werkelijkheid wordt. Op Palmzondag is deze werkelijkheid onze eigen betrokkenheid bij en onze verantwoordelijkheid voor het Koninkrijk van God. Christus treedt Jeruzalem niet opnieuw binnen. Hij deed het reeds voor eens en altijd. Hij heeft geen 'symbolen' nodig. Hij is immers niet aan het Kruis gestorven opdat wij Zijn leven voor eeuwig zouden 'symboliseren.' Hij verlangt van ons een oprecht aanvaarden van het Koninkrijk dat Hij ons bracht ... en als wij niet bereid zijn om vast te houden aan de plechtige gelofte, die wij elk jaar op Palmzondag hernieuwen, als wij niet van plan zijn om het Koninkrijk van God tot maatstaf van ons hele leven te maken, is onze herdenking zinloos. En ijdel zijn dan de takken die wij vanuit de Kerk mee naar huis nemen.

III. HEILIGE MAANDAG, DINSDAG EN WOENSDAG

Heilige Maandag, Dinsdag, Woensdag: Het Einde

Deze drie dagen, die de Kerk 'Groot en Heilig' noemt, hebben binnen de liturgische ontwikkeling van de Heilige Week een zeer specifiek doel. Zij plaatsen al haar vieringen in het perspectief van het Einde. Zij herinneren ons aan de eschatologische betekenis van Pascha. Maar al te vaak wordt de Heilige Week beschouwd als een van de 'fraaie tradities' of 'gebruiken,' een vanzelfsprekend 'onderdeel' van onze kalender. Wij nemen het als vanzelfsprekend aan en genieten ervan als een gekoesterd jaarlijks evenement dat wij sinds onze jeugd hebben 'meegemaakt.' Wij bewonderen de schoonheid van haar diensten, de praal van haar riten en niet in de laatste plaats houden wij van de drukte rond de paastafel... Wanneer vervolgens alles voorbij is, pakken wij de draad ons gewone leven weer op. De vraag is dan of wij begrijpen, dat toen de wereld haar Verlosser verwierp, toen "Jezus bedroefd en beangstigd werd... en Zijn ziel uitermate bedroefd werd tot stervens toe," (Mt 26, 37v) toen Hij stierf aan het Kruis, dat toen het 'gewone leven' eindigde en niet langer mogelijk was. Het waren immers 'gewone' mensen die "Kruisig Hem!" riepen, die naar Hem spuwden en Hem aan het Kruis sloegen. Zij haatten en doodden Hem juist omdat Hij hun gewone leven verstoorde. Het was inderdaad een volkomen 'gewone' wereld die duisternis en dood verkoos boven licht en leven... Door de dood van Jezus werden de 'gewone' wereld en het 'gewone' leven onherroepelijk veroordeeld. Of beter gezegd, hun ware en abnormale aard werd aan het licht gebracht, hun onvermogen om het Licht te ontvangen, alsmede de verschrikkelijke kracht van het kwaad in hen. "Nu is er het oordeel over deze wereld" (Joh.12,31). Het Pascha van Jezus betekende het einde van "deze wereld" en zij is sindsdien aan haar eind gekomen. Dit einde mag dan honderden eeuwen duren, het verandert niets aan het eigene van de tijd waarin wij leven als de 'eindtijd'. "De vorm van deze wereld gaat voorbij..." (I Kor.7:31).

De Uiteindelijke Overgang

Pascha betekent overgang, voorbijgaan.[20] Het Pesachfeest is voor de Joden de jaarlijkse herdenking van heel hun geschiedenis als bevrijding. Bevrijding in de zin van de overgang van de slavernij in Egypte naar vrijheid, uit ballingschap naar het Beloofde Land. Het is ook de anticipatie op de uiteindelijke overgang naar het Koninkrijk van God. Christus is de vervulling van Pascha. Hij brengt daadwerkelijk de uiteindelijke overgang tot stand: van de dood naar het leven, van deze 'oude wereld' naar de nieuwe wereld, naar de nieuwe tijd van het Koninkrijk. Hij opent voor ons de mogelijkheid van deze overgang. Hoewel wij in "deze wereld" leven, kunnen wij reeds nu "niet van deze wereld" zijn, d.w.z. vrij van de slavernij van dood en zonde namelijk als deelgenoten van de "komende wereld." Met het oog daarop dienen wij daadwerkelijk onze eigen overgang mede tot stand te brengen. Wij dienen de oude Adam in ons te veroordelen. Wij dienen ons

20 De betekenis van het oorspronkelijke Hebreeuwse woord 'Pesach' en de Griekse vertaling ervan 'Pascha' verwijst naar het verhaal van de Uittocht uit Egypte, zoals de officiële Joodse vertaling Exodus 12,13 verwoordt ter aankondiging van de plaag van de eerstgeborenen: "Dan zal het bloed voor jullie als teken dienen aan de huizen, waarin jullie je bevinden en als Ik het bloed zie, zal ik jullie voorbijgaan (oe-pasach-ti); jullie zal geen dodelijke plaag treffen, als Ik dodelijke slagen toe breng aan het land Egypte." (Jitschak Dasberg, De Pentateuch met Haftaroth / Uitg.D.Gokkes en Zonen, 1970, 6[e] druk). Dit betekent de overgang van onvrijheid naar vrijheid ofwel het doorgaan, de 'transformatie' (zoals Vader Alexander Schmemann zo vaak zegt) van het aardse naar het hemelse leven. In het dagelijks taalgebruik het 'voorbijgaan' van leed en lijden is wat veel mensen hopen te ervaren. Het geeft aan hoe veelomvattend dit begrip 'voorbijgaan' is, zowel in tijdelijke als in plaatselijke zin. Wij zien dit meer dan bevestigd in het cruciale breekpunt van Jezus' eigen worsteling met Zijn op handen zijnde dood aan het kruis wanneer Hij in Gethsemané bidt (Mt 26,39 en 42): "... Een klein eindje verder gekomen valt Hij bij het bidden op Zijn aanschijn en zegt: mijn Vader, als het mogelijk is, laat dan deze beker aan Mij voorbijgaan,... (...) Weer, voor de tweede keer, gaat hij weg en bidt; Hij zegt: mijn Vader, als het niet mogelijk is dat hij voorbijgaat,..." (Pieter Oussoren, Naardense Bijbel). Zo is er een onmiskenbaar verband is tussen Egypte en Gethsemané.

met Christus te bekleden in de dood van de Doop. Laat dan ons ware leven met Christus in God, in de "komende wereld... verborgen zijn" (Kol.3,3).

Zo is Pascha dus niet een jaarlijkse herdenking - al is het nog zo plechtig en prachtig - van een gebeurtenis uit het verleden. Het is deze Gebeurtenis zelf die getoond wordt, aan ons gegeven, zoals altijd doeltreffend, altijd onze wereld openbarend, onze tijd, ons leven dat het Einde nadert, ter aankondiging van het Begin van het nieuwe leven... De functie van de drie eerste dagen van de Heilige Week is juist om ons te prikkelen, om ons voor te bereiden, opdat wij deze uiteindelijke betekenis van Pascha goed mogen begrijpen en aanvaarden:

1. Deze eschatologische, hetgeen betekent deze eindtijdelijke, beslissende, definitieve uitdaging komt in de eerste plaats tot uiting in de gemeenschappelijke tropaar van deze dagen:

> "Zie, de Bruidegom komt om middernacht en gezegend is hij die Hij wakend aan zal treffen, maar onwaardig is hij die Hij achteloos zal vinden. Pas daarom op, o mijn ziel, dat gij niet door slaap overmand wordt, opdat gij niet wordt opgegeven en buitengesloten van het Koninkrijk. Maar richt uzelf op door te roepen: Heilig, Heilig, Heilig zijt Gij, o God, door de Moeder Gods, ontferm U over ons."

Middernacht is het moment waarop de oude dag ten einde loopt en een nieuwe dag begint. Het is dus het symbool van de tijd waarin wij als christenen leven. Want enerzijds is de Kerk nog steeds in deze wereld en deelt zij in haar zwakheden en tragedies. Anderzijds echter is haar ware wezen niet van deze wereld, want zij is de Bruid van Christus en het is haar zending om de komst van het Koninkrijk en de nieuwe dag aan te kondigen en te openbaren. Haar leven is een onafgebroken waken en verwachten als een avondwake, gericht op het aanbreken van deze nieuwe dag... Wij weten evenwel hoe sterk onze gehechtheid aan de 'oude dag' is, aan de wereld met zijn hartstochten en zonden. Wij weten hoe innig wij nog steeds tot 'deze wereld' behoren. Wij hebben het licht gezien, wij kennen Christus, wij hebben gehoord over de vrede en vreugde van het nieuwe leven in Hem, en toch houdt de wereld ons gevangen in haar slavernij. Deze zwakheid, dit voortdurende verraad van Christus, dit onvermogen om de totaliteit van onze liefde te geven aan het ene ware object van liefde worden prachtig uitgedrukt in het Exapostilarion[21] van deze drie dagen:

> "Ik zie Uw Bruidszaal rijkelijk versierd, o mijn Heiland; maar ik heb geen trouwkleed om waardig binnen te komen. Laat het kleed van mijn ziel stralen, o Gever van Licht en verlos mij."

2. Hetzelfde thema wordt verder ontwikkeld in de Evangelielezingen van deze dagen. Allereerst wordt de hele tekst van de vier Evangeliën (tot Johannes 13:31) gelezen in de Getijden (1e, 3e, 6e en 9e). Deze korte samenvatting laat zien, dat het Kruis de climax van het gehele leven en dienstwerk van Jezus is, de Sleutel tot hun juiste begrip. Alles in het Evangelie leidt tot dit ultieme uur van Jezus en alles moet in haar licht gezien worden. Vervolgens heeft elke dienst zijn eigen Evangelie-onderricht:

Op maandag

In de Metten: Mt.21,18-43 - het verhaal van de vijgenboom, het symbool van de wereld die geschapen is om geestelijke vruchten te dragen en tekortschiet in haar antwoord op God. In de Liturgie van de Voorafgewijde Gaven: Mt.24,3-35, de grote eschatologische toespraak van Jezus, inzake de tekenen en aankondiging van het Einde. "Hemel en aarde zullen voorbijgaan, maar mijn woorden zullen niet voorbijgaan."

Op dinsdag

In de Metten: Mt.22,15-23,39 - veroordeling van Farizeeën, d.w.z. van de blinde en huichelachtige godsdienstigheid van hen die denken dat zij de leiders van de mens en het licht van

---

21 Het Exapostilarion is in de Byzantijnse Metten (orthros) een tropaar tussen de canon en de lofzangen 148-150. Zie ook: Liturgisch Woordenboek / J.J.Romen & Zonen, Roermond en Maaseik (1958-1962).

de wereld zijn, maar van wie Jezus feitelijk zegt: "Gij sluit het Koninkrijk der hemelen voor de mensen."

In de Liturgie van de Voorafgewijde Gaven: Mt.24,36-26,2 - opnieuw het Einde en de gelijkenissen van het Einde:

- de tien wijze maagden die genoeg olie in hun lampen hadden en de tien dwaze die niet tot het bruidsbanket werden toegelaten;

- de gelijkenis van de tien talenten: "Let daarom op, want u kent dag, noch uur." En ten slotte het Laatste Oordeel.

Op woensdag

In de Metten: Joh.12,17-50 - de verwerping van Christus, het groeiende conflict, de laatste waarschuwing: "Nu wordt de oordeel over deze wereld voltrokken... Wie Mij afwijst en Mijn woorden niet aanneemt, heeft een rechter. Het woord dat Ik gesproken heb, zal zijn rechter zijn op de laatste dag" (Joh.12,31 en 48).

In de Liturgie van de Voorafgewijde Gaven: Mt.26,6-16 - de vrouw die de kostbare zalf over Jezus' hoofd goot, het enige beeld van liefde en bekering dat ons met Christus kan verenigen.

3. Deze lezingen uit het Evangelie worden verklaard en uitgewerkt in de hymnologie van deze dagen: de stichieren en de triodia (korte canons van elk drie odes gezongen in de Metten). Eén waarschuwing, één aansporing loopt er als een rode draad doorheen: het einde en het oordeel naderen, laat ons erop voorbereid zijn: "Toen de Heer Zijn vrijwillig Lijden tegemoet ging, zei Hij onderweg tegen Zijn Apostelen: 'Zie, wij gaan op naar Jeruzalem, en de Zoon des Mensen zal worden overgeleverd, zoals van Hem geschreven staat.' Kom daarom, en laat ons met Hem gaan, met een verstand gezuiverd van de geneugten van dit leven, en laten we gekruisigd worden en met Hem sterven, opdat wij met Hem mogen leven, en opdat wij Hem tot ons horen zeggen: 'Ik ga nu niet naar het aardse Jeruzalem om te lijden, maar naar Mijn Vader en uw Vader, naar Mijn God en uw God, en Ik zal u omhoog brengen in het Hemelse Jeruzalem, in het Koninkrijk der Hemelen." (Maandag, Metten, lofpsalmen). "Zie, o mijn ziel, de Meester heeft U een talent toevertrouwd; ontvang de gave met vreze. Laat het rente voor Hem opbrengen. Deel uit aan de armen. Verkrijg voor uzelf uw Heer als uw Vriend, opdat gij, wanneer Hij in heerlijkheid zal komen, aan Zijn rechterhand mag staan en Zijn gezegende stem hoort: 'Ga binnen, mijn dienaar, in de vreugde van uw Heer.' O Mijn Heiland, acht mij, de zwerver, dit waardig, door Uw grote barmhartigheid" (Dinsdag Metten).

4. Gedurende de gehele Grote Vastentijd waren Genesis en Spreuken de twee boeken van het Oude Testament die in de Vespers werden gelezen. Bij het begin van de Heilige Week worden ze opgevolgd door Exodus en Job. Exodus is het verhaal over de bevrijding van Israël uit de Egyptische slavernij, over hun Pesach. Het bereidt ons voor op het verstaan van Christus' uittocht naar Zijn Vader en van Zijn vervulling van de hele heilsgeschiedenis. Job, de lijdende, is de oudtestamentische icoon van Christus. Met de lezing van het boek Job wordt het grote mysterie van Christus' lijden, gehoorzaamheid en offer aangekondigd.

5. De liturgische structuur van deze drie dagen is nog steeds die zoals gebruikelijk in de Grote Vasten. Het omvat daarom het gebed van de H.Efrem de Syriër met buigingen, de uitgebreide lezing van het Psalter, de Liturgie van de Voorafgewijde Gaven en de liturgische zang van de Vastentijd. Wij zijn nog steeds in de tijd van bekering want alleen bekering maakt ons deelgenoten van het Pascha van onze Heer en opent voor ons de deuren van de Paasmaaltijd. En dan, op Grote en Heilige Woensdag, als de laatste Liturgie van de Voorafgewijde Gaven op het punt staat te worden voltooid, nadat de Heilige Gaven van het altaar zijn verwijderd, leest de priester voor de laatste keer het gebed van de H.Efrem. Op dat moment komt er een einde aan de voorbereiding. De Heer roept ons nu bijeen rond Zijn Laatste Avondmaal.

Joris van Ael, Het Laatste Avondmaal
(Passiecyclus Sint-Antoniuskerk te Brasschaat)

IV. HEILIGE DONDERDAG [22]

Heilige Donderdag: Het Laatste Avondmaal

Twee gebeurtenissen bepalen de Liturgie van de Grote en Heilige Donderdag: het Laatste Avondmaal en het verraad van Jezus door Judas. Het Laatste Avondmaal is de uiteindelijke openbaring van Gods verlossende liefde voor de mens. Het verraad door Judas openbaart dat zonde, dood en zelfvernietiging ook te danken zijn aan liefde, maar dan liefde gericht op dat wat geen liefde verdient. Het mysterie van deze unieke dag, en zijn Liturgie waarin licht en duisternis, vreugde en verdriet zo wonderlijk verstrengeld zijn, daagt ons uit tot de keuze waar het eeuwige lot van ieder van ons van afhangt. "En nu voor het Feest van het Pesach, toen Jezus wist dat Zijn uur gekomen was... omdat Hij de Zijnen, die in de wereld waren, liefhad, heeft Hij hen tot het einde toe liefgehad" (Joh.13:1). Om de betekenis van het Laatste Avondmaal te begrijpen, moeten we het zien als het einde van de grote beweging van Goddelijke Liefde die begon met de schepping van de wereld en nu zal worden voltrokken in de dood en wederopstanding van Christus.

Liefde, Leven, Gemeenschap

God is liefde (1Joh.4:8). En het eerste geschenk van deze Liefde was het leven. De betekenis, de inhoud van het leven, was gemeenschap. Om te kunnen leven zijn eten en drinken en deel hebben aan de wereld onontbeerlijk. Deze wereld kwam dus voort uit Goddelijke Liefde als voedsel en als het Lichaam van de mens. En om levend te zijn, d.w.z. deel te hebben aan de wereld, moest de mens in gemeenschap met God zijn, om God te beleven als de betekenis, de inhoud en het einde van zijn leven. Gemeenschap met de door God gegeven wereld was inderdaad gemeenschap met God. De mens ontving zijn voedsel van God en door het tot zijn lichaam en zijn leven te

---

maken, offerde hij de hele wereld aan God, vormde het om tot leven in God en met God. De liefde van God gaf leven aan de mens, de liefde van de mens voor God vormde dit leven om tot gemeenschap met God. Dit was het Paradijs. Het leven daarin was inderdaad Eucharistisch. Door de mens en zijn liefde voor God moest de hele schepping geheiligd en getransformeerd worden tot één alomvattend sacrament van Goddelijke Aanwezigheid met de mens als de priester van dit sacrament.

Vanwege de zonde echter verloor de mens dit Eucharistische leven. Hij verloor het omdat hij de wereld niet langer zag als middel tot Gemeenschap met God en zijn leven als eucharistie, als aanbidding en dankzegging. Hij hield van zichzelf en van de wereld uit eigenbelang. Hij maakte zichzelf tot inhoud en doel van zijn eigen leven. Hij meende dat zijn honger en dorst, d.w.z. zijn afhankelijkheid van zijn leven in de wereld, door de wereld als zodanig, door voedsel als zodanig, gestild kon worden. Echter wereld en voedsel kunnen, eenmaal beroofd van hun aanvankelijke sacramentele betekenis – in de zin van Gemeenschap met God, indien zij niet omwille van God ontvangen en gevuld worden met honger en dorst naar God, zodra, met andere woorden, God niet meer hun werkelijke "inhoud" is, – geen leven meer geven en geen honger meer stillen, want zij hebben geen leven in zich. Dus door zijn hart aan hen te verpanden, keerde de mens zijn liefde af van het enig ware object van alle liefde, van alle honger en van alle verlangens. En hij ging dood. Want de dood is de onvermijdelijke 'ontbinding': van het leven, dat daarmee van zijn enige bron en inhoud is beroofd. De mens dacht leven te vinden in de wereld en in het voedsel, maar hij vond slechts de dood. Zijn leven werd gemeenschap met de dood, want in plaats van de wereld door geloof, liefde en aanbidding om te vormen in gemeenschap met God, onderwierp hij zich volledig aan de wereld, hield op haar priester te zijn en werd haar slaaf. Als gevolg van zijn zonde verwerd heel de wereld tot een begraafplaats, daar waar ter dood veroordeelden met elkaar de dood deelden. "Zij waren gezeten in het land en de schaduw van de dood" (Mt.4,16).

Ondanks de zonde, het verraad van de mens, bleef God de mens trouw. Hij "keerde Zich niet voor eeuwig af van Zijn schepsel dat Hij gemaakt had, noch vergat Hij het werk van Zijn handen, maar Hij bezocht hem op velerlei wijzen door het tedere mededogen van Zijn barmhartigheid." (Liturgie van de H.Basilius). Een nieuw Goddelijk werk begon, dat van verlossing en zaligmaking. Het werd vervuld in Christus, de Zoon van God, Die mens werd, om zowel de mens te herstellen tot zijn ongerepte schoonheid, als om zijn leven in gemeenschap met God te herstellen. Daarom nam Hij onze natuur met zijn honger en dorst, met zijn verlangen naar en liefde voor het leven, op Zich. In Hem werd het leven geopenbaard, gegeven, aanvaard en vervuld als de volledige en volmaakte Eucharistie, als de volledige en volmaakte gemeenschap met God. Hij verwierp de primaire menselijke verleiding om "van brood alleen"[23] te leven. Hij openbaarde dat God en Zijn Koninkrijk het echte voedsel zijn, het echte leven van de mens. En dit volmaakte eucharistische Leven, van God vervuld, en daarom Goddelijk en onsterfelijk, gaf Hij aan allen die in Hem wilden geloven, d.w.z. in Hem de betekenis en de inhoud van hun leven vonden. Dat is de wonderbaarlijke betekenis van het Laatste Avondmaal. Hij bood Zichzelf aan als het echte voedsel voor de mens, want het leven werd in Hem geopenbaard als het echte Leven. Aldus kwam de beweging van Goddelijke Liefde, die in het paradijs begon met een Goddelijk 'neemt, eet...' (want eten is leven voor de mens), nu 'tot het einde' met het Goddelijke "Neemt, eet, dit is Mijn Lichaam..." (want God is het leven van de mens...). Het Laatste Avondmaal is het herstel van het paradijs van gelukzaligheid, van het leven als Eucharistie en Gemeenschap.

Maar dit uur van ultieme liefde[24] is tegelijkertijd dat van het <u>ultiem verraad.</u> Judas verlaat het licht van de Bovenzaal en

23 Deut. 8,3; Mt.4,4; Lc.4,4

24 Metropoliet Kallistos van Diokleia (+ 24-8-2022) – in de wereld Timothy Ware – zegt in zijn boek 'De Orthodoxe Weg (Uitg.Orthodox Logos, 2012) de ultieme liefde, de liefde tot het uiterste: " 'Tot het uiterste' – in het Grieks staat er eis telos wat betekent 'tot het laatste', 'tot het uiterste.' En dit woord telos wordt later hernomen bij de laatste kreet die Christus slaakte op het Kruis: "Het is volbracht", tetelestai (Joh.19,30). We moeten dit niet verstaan als een uitroep van berusting of wanhoop, maar als een overwinningskreet: het is klaar, het is af. Het is voltooid".

gaat de duisternis in. "En het was nacht" (Joh.13,30). Waarom vertrekt Hij? Omdat Hij liefheeft, beantwoordt het Evangelie, en zijn noodlottige liefde wordt keer op keer benadrukt in de hymnen van Heilige Donderdag. Het doet er inderdaad niet toe dat hij van het 'zilver' houdt. Geld staat hier voor alle afwijkende en verwrongen liefde die de mens ertoe brengt God te verloochenen. Dat is het daadwerkelijk. Liefde gestolen van God en daarom is Judas de Dief. Wanneer een mens God niet liefheeft en niet meer in Hem is, heeft hij toch nog altijd lief en verlangt hij nog steeds. Hij is immers geschapen om lief te hebben en liefde is zijn natuur, maar dan is het een donkere en zelfvernietigende passie en is de dood er het einde van. Elk jaar als wij ons onderdompelen in het onpeilbare licht en de diepte van Heilige Donderdag wordt dezelfde beslissende vraag aan ieder van ons gesteld: reageer ik op de liefde van Christus en accepteer ik die als mijn leven, of volg ik Judas in de duisternis van de nacht?

De Diensten van Donderdag

De Liturgie van Heilige Donderdag omvat: a) Metten, b) Vespers en, na de Vespers, de Liturgie van de heilige Basilius de Grote. In de kathedralen vindt na de Liturgie de speciale Dienst van de Voetwassing plaats. Terwijl de diaken het Evangelie leest, wast de bisschop de voeten van twaalf priesters en herinnert ons eraan dat de liefde van Christus het fundament is van het leven in de Kerk en dat het alle relaties daarin vormgeeft. De Heilige Donderdag is ook de dag waarop het Heilig Chrisma wordt gewijd door het hoofd van autocefale Kerken. Dit betekent ook dat de nieuwe liefde van Christus de gave is die wij van de Heilige Geest ontvangen op de dag van onze opname in de Kerk.

In de Metten bepaalt het tropaar het thema van de dag, namelijk de tegenstelling tussen de liefde van Christus en het 'onverzadigbare verlangen' van Judas:

> "Toen de roemrijke leerlingen verlicht werden door de voetwassing bij het Avondmaal, werd de goddeloze Judas verduisterd door de liefde voor het zilver. Aan onrechtvaardige rechters verraadt hij U, de rechtvaardige

Rechter. Bedenk, o liefhebber van het geld, diegene die zich omwille daarvan ophing. Vlucht voor zo'n onverzadigbaar verlangen dat zich heeft durven keren tegen de Meester, o Heer, goed voor allen, eer aan U."

Na de Evangelielezing (Lc.12:1-40) wordt ons ter overweging de mystieke en eeuwige betekenis van het Laatste Avondmaal in de prachtige canon van de heilige Cosmas gegeven. De laatste 'irmos' ervan (Negende Ode) nodigt ons uit om te delen in de gastvrijheid van het Maaltijd des Heren:

"Kom, o gij getrouwen, laten wij ons verheugen in de gastvrijheid van de Heer en de Maaltijd der Onsterfelijkheid in de Bovenzaal met onze harten omhooggericht naar de hemel...".

In de Vespers leggen de stichieren met "Heer, ik roep" het accent op de geestelijke anticlimax van Heilige Donderdag, het verraad van Judas:

"Judas, slaaf en bedrieger, leerling en verrader, vriend en duivel, bewees zich door zijn daden, want toen hij de Meester volgde broedde hij bij zichzelf al op Zijn verraad..."

Na de Intocht volgen drie lezingen uit het Oude Testament:

1. Ex.19,10-19: Gods afdaling van de berg Sinaï naar Zijn volk als het beeld van Gods komst in de Eucharistie;

2. Job 38,1-23 en 42,1-5 - Gods gesprek met Job en Jobs antwoord:

"Wie zal mij zeggen wat ik niet begrijp? Dingen die voor mij te groot en wonderbaarlijk waren, die ik niet kende..." - en deze "grote en wonderbaarlijke dingen" worden vervuld in de gave van Christus' Lichaam en Bloed;

3. Jesaja 50,4-11. Het begin van de profetieën over de lijdende dienaar van God.

De Apostellezing komt uit 1 Kor.11,23-32: Paulus' verslag van het Laatste Avondmaal en de betekenis van de Communie. De Evangelielezing (de langste van het jaar) is ontleend aan alle vier de Evangeliën en is het volledige verhaal van het Laatste Avondmaal, het verraad van Judas en de arrestatie van Christus in de hof. De Cherubijnenhymne en het Communievers worden vervangen door de woorden van het gebed voor de Communie:

> "O Zoon van God, aanvaard mij aan Uw Mystieke Avondmaal vandaag als een communicant, want ik zal Uw Mysterie niet verraden aan Uw vijanden, noch zoals Judas zal Ik U een kus geven, maar als de rover zal ik U belijden: Gedenk Mij, o Heer, in Uw Koninkrijk."

Joris van Ael, Kruisiging
(Passiecyclus Sint-Antoniuskerk Brasschaat)

V. GROTE EN HEILIGE VRIJDAG

Vrijdag: Het Kruis

Vanuit het licht van Heilige Donderdag gaan we de duisternis van Vrijdag in, de dag van Christus' Lijden, Dood en Begrafenis. In de Vroege Kerk werd deze dag het 'Pascha van het Kruis' genoemd, want het is inderdaad het begin van dat Pesach, Voorbijgaan, ofwel van die Overgang waarvan de gehele betekenis ons geleidelijk aan zal worden geopenbaard. Om te beginnen in de wonderlijke stilte van de Grote en Gezegende Sabbat, en vervolgens in de vreugde van de Opstandingsdag.

Maar eerst dan de Duisternis. Konden wij maar beseffen dat op Goede Vrijdag duisternis niet louter symbolisch en herdenkend is. Zo vaak kijken wij naar de mooie en plechtige droefenis van deze diensten in de geest van eigengerechtigheid en zelfrechtvaardiging. Tweeduizend jaar geleden vermoordden slechte mensen Christus. Vandaag de dag evenwel richten wij - het goede christelijke volk - overdadige graven op in onze kerken. Is dat niet het teken van onze goedheid? En toch speelt Goede Vrijdag zich niet in het verleden af. Het is de dag van de Zonde. De dag van het Kwaad. De dag waarop de Kerk ons aanspoort om van hun verschrikkelijke realiteit en macht in "deze wereld" bewust te worden. Want zonde en kwaad zijn niet verdwenen, maar vormen integendeel nog steeds de basiswet van de wereld en van ons leven. En wij, die onszelf christenen noemen, maken wij ons niet meer dan eens die logica van het kwaad eigen? Diezelfde logica die het Joodse Sanhedrin en Pontius Pilatus, de Romeinse soldaten en de hele menigte ertoe bracht Christus te haten, te martelen en te vermoorden? Aan wiens kant zouden wij hebben gestaan als wij in Jeruzalem onder Pilatus hadden geleefd? Dit is de vraag die ons wordt gesteld in elk woord van de Heilige Vrijdag-diensten. Het is inderdaad de dag van deze wereld, van haar echte en niet symbolische veroordeling. Van haar werkelijke en niet rituele oordeel over ons leven... Het is de

openbaring van de ware aard van de wereld, die destijds al
de voorkeur gaf aan de duisternis en nog steeds duisternis
verkiest boven het licht, kwaad boven goed, dood boven leven. Na Christus ter dood te hebben veroordeeld, heeft "deze
wereld" zichzelf ter dood veroordeeld en voor zover wij haar
geest, haar zonde, haar verraad aan God accepteren worden
ook wij veroordeeld... Dat is de eerste en werkelijk verschrikkelijke betekenis van Goede Vrijdag: een terdoodveroorde-
ling...

De Dag van de Verlossing

Echter deze dag van het Kwaad, van zijn uiteindelijke manifestatie en triomf, is ook de dag van de Verlossing. De dood
van Christus wordt aan ons geopenbaard als de reddende
dood voor ons en voor onze zaligmaking.

Het is een zaligmakende Dood, want het betreft het volledige, volmaakte en allerhoogste Offer. Christus geeft Zijn Dood
aan Zijn Vader en Hij geeft Zijn Dood aan ons. Aan Zijn Vader
omdat, zoals wij zullen zien, er geen andere manier is om de
dood te vernietigen en om de mens ervan te verlossen. Het is
de wil van de Vader dat de mens verlost wordt van de dood.
En aan ons omdat Christus waarlijk in plaats van ons sterft.
De dood is de natuurlijke vrucht van de zonde, een immanen-
te straf. De mens koos ervoor zich van God te vervreemden,
maar aangezien hij geen leven in en uit zichzelf heeft, sterft
hij. Aangezien er in Christus evenwel geen zonde is, is de
dood evenmin in Hem. Hij aanvaardt het om puur uit liefde
voor ons te sterven. Hij wil onze menselijke conditie tot het
einde toe aannemen en delen. Hij aanvaardt de straf van onze
natuur, zoals Hij de hele last van de menselijke staat op zich
nam. Hij sterft omdat Hij Zich werkelijk met ons heeft vereen-
zelvigd. Zo heeft Hij inderdaad de tragiek van het leven van
de mens op Zich genomen. Zijn dood is de uiteindelijke openbaring van Zijn mededogen en liefde. En omdat Zijn sterven
liefde, mededogen en 'mede-lijden' is, wordt in Zijn dood de
eigenlijke aard van de dood veranderd. Van straf wordt het
de stralende daad van liefde en vergeving, het einde van ver-
vreemding en eenzaamheid. Veroordeling wordt zo omgevormd tot vergeving...

De vernietiging van de dood

En, tenslotte, is Zijn dood een zaligmakende dood, omdat het de bron van de dood zelf ontkracht, namelijk het kwaad. Door het in liefde te aanvaarden, door Zichzelf aan Zijn moordenaars over te geven en hun schijnbare overwinning toe te staan, openbaart Christus dat deze overwinning in werkelijkheid de totale en beslissende nederlaag van het Kwaad is. Om zegevierend te zijn moet het Kwaad het Goede vernietigen, zichzelf bewijzen als de uiteindelijke waarheid over het leven, het Goede in diskrediet brengen en, in één woord, zijn eigen superioriteit tonen. Maar gedurende het hele lijden is het Christus en Hij alleen die triomfeert. Het Kwaad vermag niets tegen Hem, want het kan Hem er niet toe overhalen het Kwaad als waar te accepteren. Hypocrisie wordt geopenbaard als hypocrisie, moord als moord, angst als angst, en als Christus in stilte het Kruis en het einde nadert, als de menselijke tragedie haar hoogtepunt bereikt, worden Zijn triomf, Zijn overwinning op het Kwaad, Zijn verheerlijking alleen maar duidelijker. En bij elke stap wordt deze overwinning erkend, beleden, verkondigd - door de vrouw van Pilatus, door Jozef van Arimatea, door de gekruisigde rover, door de Romeinse honderdman. En terwijl Hij sterft aan het Kruis nadat Hij de uiteindelijke verschrikking van de dood heeft aanvaard: de absolute eenzaamheid ("Mijn God, Mijn God, waarom hebt Gij mij verlaten!?"), blijft er niets anders over dan te belijden dat "Deze werkelijk de Zoon van God was!..."(Mt.27, 46-54). En dus is het deze Dood, deze Liefde, deze gehoorzaamheid, deze volheid van leven die vernietigen wat de Dood tot het universele noodlot maakte. "En de graven werden geopend..."(Mt.27:52). Reeds verschijnen de stralen van de opstanding al.

Dat is het dubbele mysterie van Heilige Vrijdag, en de diensten ervan laten het zien en laten ons eraan deelnemen. Aan de ene kant is er de constante nadruk op het Passie van Christus als de zonde van alle zonden, de misdaad van alle misdaden. Door heel de Metten heen, waarin de twaalf Passielezingen ons stap voor stap het lijden van Christus laten volgen, tijdens de Uren (die de Goddelijke Liturgie vervangen: want het verbod om Eucharistie te vieren op deze dag betekent dat het Sacrament van Christus' Aanwezigheid niet behoort tot "deze wereld" van zonde en duisternis, maar dat het het Sacrament van de "toekomende wereld" is). En tot slot zijn in de Vespers, de dienst van Christus' begrafenis, de hymnen en lezingen vol plechtige beschuldigingen van degenen die willens en wetens besloten om Christus te vermoorden, deze moord rechtvaardigend vanuit hun religie, hun politieke loyaliteit, hun praktische overwegingen en hun beroepsmatige gehoorzaamheid.

Aan de andere kant is het offer van liefde, dat de uiteindelijke overwinning voorbereidt, ook vanaf het allereerste begin aanwezig. Vanaf de eerste Evangelielezing (Joh.13:31), die begint met de plechtige aankondiging van Christus: "Nu wordt de Zoon des Mensen verheerlijkt en in Hem wordt God verheerlijkt," tot aan de stichier aan het eind van de Vespers, is er een toename van licht, de langzame groei van hoop en zekerheid dat "de dood de dood zal vertrappen...:"

> *"Toen Gij, de Verlosser van alles en allen, voor alles en allen in een nieuw graf waart gelegd, zag Hades,[25] die niemand respecteert, U en kromp ineen van angst. De tralies gebroken, de deuren werden verbrijzeld, de graven werden geopend, de doden verrezen. Toen riep Adam zich dankbaar verheugend uit tot U: "Ere zij Uw vernedering, o Barmhartige Meester."*

> *"De hel huiverde toen zij U aanschouwde, de Verlosser van allen Die in een graf werd gelegd. Zijn grendels werden verbroken; zijn poorten werden vernietigd! De graven werden geopend; de doden stonden op. Toen riep Adam in vreugde en dankzegging: Ere zij Uw minzaamheid, o Minnaar der mensen!"*

---

25 Dit is de term uit de klassieke Griekse mythologie voor o.a.de onderwereld van de doden; in Bijbelse termen 'de Hel' genoemd en in de Orthodoxe Liturgie gepersonifieerd in de persoon van de Satan. Hieronder bij de bespreking van Paaszaterdag komt Vader Alexander hierop terug waar hij de vraag stelt waarom de Vader de dood van de Zoon eigenlijk wilde.

En wanneer wij aan het eind van deze Vespers de icoon van Christus in het graf in het midden van de Kerk plaatsen, als deze lange dag ten einde loopt, weten wij dat wij aan het eind zijn van de lange geschiedenis van zaligmaking en verlossing. De Zevende Dag, de rustdag, de gezegende Sabbat komt en daarmee de openbaring van het Levenschenkende graf.

Joris van Ael, Verrijzenis

VI. GROTE EN HEILIGE ZATERDAG

Dit is de Gezegende Sabbat

De "Grote en Heilige Sabbat" is de dag die Goede Vrijdag, de herdenking van het Kruis, verbindt met de Dag van Christus' Opstanding. Voor velen blijft de ware aard en de betekenis van deze 'verbinding,' de noodzaak van deze 'tussendag'[26] duister. Voor een grote meerderheid van de kerkgangers zijn Vrijdag en Zondag de 'belangrijke' dagen van de Goede Week, het Kruis en de Opstanding. Deze twee dagen blijven echter op de een of andere manier 'losgekoppeld:' er is een dag van verdriet en vervolgens is er de dag van vreugde. In deze volgorde wordt verdriet simpelweg vervangen door vreugde... Maar volgens de leer van de Kerk, welke in haar liturgische traditie vorm krijgt, is van een eenvoudige vervanging geen sprake. De Kerk verkondigt dat Christus "de dood door de dood heeft vertreden." Dit wil zeggen, dat er zelfs voorafgaand aan de Opstanding al een gebeurtenis plaatsvindt, waarbij het verdriet niet zomaar wordt vervangen door vreugde, maar dat het verdriet zelf omgezet wordt in vreugde. Grote Zaterdag

---

26 De auteur gebruikt hier het woord 'middle day,' een term die zelfs in het grote Webster's Unabridged Dictionary niet voorkomt. In het Engels staat het dan ook tussen haakjes. Voor het Nederlands wordt het hier alternatief vertaald als 'tussendag.' En toch klinkt het in het Nederlands op zich niet vreemd, omdat wij immers ook spreken van 'tussenpersoon,' 'tussenbeide,' 'tussenkomst.' Vader Alexander verklaart zich in de tekst na het noemen van dit waarschijnlijk door hem bedachte woord nader. Hij bedoelt te zeggen dat Paaszaterdag vaak als een niet ter zake doende pauze tussen Goede Vrijdag en Paaszondag beleefd wordt. Dat is in de westerse kerken exact hetzelfde. Een dag dus zonder specifieke inhoud. Maar op die manier weten kerkgangers niet de eigenlijke waarde van deze goddelijke rustdag als de zevende dag te waarderen. Zonder theologische duiding wordt de Bijbel geen recht gedaan. Dat wil Vader Alexander graag corrigeren. Zoals een tussenpersoon een functie heeft, zo heeft Stille Zaterdag dat als een 'tussendag' ook: het afdalen naar de Hades is de consequentie van de zaligmakende Kruisdood en het verlossen ten leven door Hem die het Leven zelf is. De icoon van de Opstanding brengt precies dat in beeld.

is exact deze dag van omvorming, de dag waarop de overwinning van binnen uit de nederlaag groeit. De dag die ons
gegeven wordt om voorafgaand aan de Opstanding over de
dood van de dood zelf te mediteren... Dit alles komt tot uiting
en meer n
og voltrekt zich daadwerkelijk ieder jaar opnieuw in deze
prachtige ochtenddienst, in deze liturgische gedachtenisviering die voor ons een reddende en omvormende aanwezigheid wordt.

Psalm 119 – Liefde voor de Wet van God

Bij aankomst in de Kerk op de ochtend van Heilige Zaterdag
is de Vrijdag zojuist liturgisch afgerond. De verdriet van de
Vrijdag is derhalve het eerste thema, het beginpunt van de
Metten van Zaterdag. Het begint als een begrafenisdienst, als
een klaagzang over een dood lichaam. Na het zingen van de
begrafenistroparia en een langzaam bewieroken van de Kerk
naderen de celebranten de Epitaphios[27]. Wij staan bij het graf
van onze Heer, wij mediteren over Zijn dood, Zijn nederlaag.
Psalm 119 wordt gezongen en aan elk vers voegen wij een
speciale 'lofprijzing' toe die de verschrikkingen van de mensen en van de hele schepping voor de dood van Jezus uitdrukt:

> *"O al gij bergen en heuvels, en al gij samenkom-*
> *sten van mensen, treur, ween en treur met Mij, de*
> *Moeder van uw God..."*

En toch, vanaf het allereerste begin, tegelijk met dit eerste
thema van verdriet en klaagzang, doet een nieuw thema zijn

---

27 Epitafios, Epitaphios of Epitáphion is een <u>icoon</u>, meestal bestaande uit
een grote, geborduurde en vaak rijkelijk versierde stof, met daarop een af-
beelding van het dode lichaam van <u>Christus</u>, vaak vergezeld van zijn <u>moe-
der</u> en andere personen, zoals vermeld in het <u>Nieuwe Testament</u>. Het
wordt gebruikt tijdens de liturgische diensten van <u>Goede Vrijdag</u> en <u>Grote
Zaterdag</u> in de <u>Orthodoxe kerken</u>, evenals in de <u>Oosters-katholieke kerken</u>,
die de <u>Byzantijnse ritus</u> volgen.
De Epitaphios is ook een veel voorkomende korte vorm van de Epitáphios
Thrēnos, de "klaagzang over het graf" in het Grieks, wat het belangrijkste
onderdeel is van de <u>Metten</u> tijdens de dienst op Heilige Zaterdag. (Bron:
Wikipedia, 9-2-2022).

intrede en zal steeds nadrukkelijker aandacht vragen. Wij vinden het in de eerste plaats in Psalm 119,1 - "Zalig zijn zij wier weg onberispelijk is, die wandelen naar de Wet des Heren!" In onze huidige liturgische praktijk wordt deze Psalm alleen gebruikt in begrafenisdiensten, vandaar de connotatie 'begrafenis' voor de gewone gelovige. Maar in de vroege liturgische traditie was deze Psalm een van de essentiële delen van het Vigilie van de Zondag, de wekelijkse gedachtenis van de Opstanding van Christus. De inhoud is alles behalve een 'begrafenis.' Deze Psalm is de zuiverste en rijkste uitdrukking van liefde voor de Wet van God, d.w.z. voor het Goddelijke ontwerp van de mens en zijn leven. Het werkelijke leven, dat wat de mens door de zonde heeft verloren, bestaat uit het onderhouden van de Goddelijke wet door deze te vervullen: te leven met God, in God en voor God, want daartoe is de mens geschapen.

> *"Op de manier van uw getuigenis verlustig ik mij*
> *evenzeer als in alle rijkdommen" (vers 14).*
> *"In zal mij verheugen in Uw verordeningen: Ik zal*
> *Uw woord niet vergeten" (vers 16).*

Daar Christus het beeld is van een volmaakte vervulling van deze wet, aangezien Zijn hele leven geen andere "inhoud" had dan de vervulling van de wil van Zijn Vader, interpreteert de Kerk deze Psalm als de woorden van Christus Zelf, die vanuit het graf tot Zijn Vader gesproken worden:

> *"Zie hoe ik uw bevelen liefheb; Heer, maak mij le-*
> *vend volgens Uw goedertierenheid." (vers159)*

De dood van Christus is het uiteindelijke bewijs van Zijn liefde voor de wil van God, van Zijn gehoorzaamheid aan Zijn Vader. Het is een daad van pure gehoorzaamheid, van volledig vertrouwen op de wil van de Vader. En voor de Kerk is het juist deze gehoorzaamheid tot het einde, deze volmaakte nederigheid van de Zoon die het fundament, het begin van Zijn overwinning vormt. De Vader wil deze dood, de Zoon aanvaardt deze en openbaart een onvoorwaardelijk geloof in de volmaaktheid van de wil van de Vader, in de noodzaak van dit offer van de Zoon door de Vader. Psalm 119 is de psalm van die gehoorzaamheid, en zodoende de aankondiging dat in gehoorzaamheid de triomf is begonnen...

De strijd met de dood

Waarom wenst de Vader eigenlijk deze dood? Waar is die voor nodig? Het antwoord op deze vraag vormt het derde thema van onze dienst en verschijnt als eerste in de 'lofprijzingen,' die volgen op elk vers van Psalm 119. Zij beschrijven de dood van Christus als Zijn afdaling in de Hades. 'Hades' staat in de concrete bijbelse taal voor 'het rijk van de dood.' Het is de toestand van duisternis, wanhoop en vernietiging die de dood is. Daar het hier gaat over het rijk van de dood, dat God niet geschapen heeft en dat Hij evenmin wilde, betekent het tegelijk dat de Vorst van deze wereld almachtig is in de wereld. Satan, zonde, dood – dit zijn de 'dimensies' van de Hades, wat het dus behelst. Want zonde komt van Satan en de Dood is het resultaat van zonde - "De zonde kwam in de wereld en de dood door de zonde" (Rom. 5:12). "De dood regeerde van Adam tot Mozes" (Rom. 5:14), het gehele universum is een kosmisch kerkhof geworden, was veroordeeld tot vernietiging en wanhoop. En daarom is de dood "de laatste vijand" (1Kor.15:20) en vormt de vernietiging ervan het uiteindelijke doel van de menswording. Dit gevecht met de dood is het "uur" van Christus waarvan Hij zei: "Hiertoe ben Ik tot dit uur gekomen" (Joh.12:27).

Nu is dit uur aangebroken en de Zoon van God gaat de Dood tegemoet. De Vaders beschrijven dit moment meestal als een duel tussen Christus en de Dood, Christus en Satan. Want deze dood zou ofwel de laatste triomf van Satan zijn, ofwel zijn beslissende nederlaag. Het duel verloopt in verschillende fases. In eerste instantie lijken de krachten van het kwaad te zegevieren. De Rechtvaardige wordt gekruisigd, door iedereen in de steek gelaten en Hij doorstaat een schandelijke dood. Hij wordt bovendien deelgenoot van de 'Hades,' van deze plaats van duisternis en wanhoop... Maar juist op dit moment wordt de ware betekenis van deze dood geopenbaard. Hij die sterft aan het Kruis heeft Leven in Zichzelf, dat wil zeggen Hij heeft het leven niet als een gave van buitenaf, een gave die Hem ontnomen kan worden, maar Hij heeft het leven als Zijn eigen wezen. Want Hij is het Leven en de Bron van al het leven. "In Hem was het Leven en het Leven was het licht der mensen." De mens Jezus sterft, maar deze Man is de Zoon van God. Als mens kan Hij waarlijk sterven, maar in Hem betreedt God Zelf het rijk van de dood, neemt Hij deel aan de dood. Dit is de unieke, de onvergelijkbare betekenis van Christus' dood. Daarin is de mens die sterft God, of om preciezer te zijn, de Godmens. God is de Heilige Onsterfelijke. Alleen in de eenheid "zonder verwarring, zonder verandering, zonder verdeeldheid, zonder scheiding" van God en de mens in Christus kan de dood door God worden 'aangenomen' en van binnenuit worden overwonnen en vernietigd, "vertreden worden door de dood...".

De dood wordt overwonnen door het leven

Nu begrijpen wij waarom God die dood wenst, waarom de Vader Zijn Eniggeboren Zoon eraan prijsgeeft. Hij verlangt naar de verlossing van de mens. Dat dus de vernietiging van de dood geen daad van Zijn macht zou zijn, ("Of meent gij, dat Ik Mijn Vader niet kan bidden, en Hij Mij niet terstond meer dan twaalf legioenen engelen terzijde zou stellen?" – Mt.26,53). Geen daad van geweld dus, zelfs geen verlossende, maar een daad van die liefde, vrijheid en vrije toewijding aan God, waarvoor Hij de mens schiep. Want elke andere verlossing zou in strijd zijn geweest met de natuur van de mens, en daarom geen echte verlossing. Vandaar de noodzaak van de Menswording en de noodzaak van die Goddelijke dood... In Christus herstelt de mens gehoorzaamheid en liefde. In Hem overwint de mens zonde en kwaad. Het was essentieel dat de dood niet alleen door God vernietigd werd, maar ook overwonnen en vertreden werd in de menselijke natuur zelf, door de mens en met de mens. "Want zoals door een mens de dood kwam, is door een mens ook de opstanding van de doden gekomen." (Kor.15,21).

Christus aanvaardt vrijelijk de dood, van Zijn leven zegt Hij dat "niemand het van Mij afneemt, maar Ik geef het uit Mijzelf" (Joh.10,18). Hij doet het niet zonder strijd: "...en Hij begon bedroefd en verontrust te zijn" (Mt.26,37). Hier wordt de maat van Zijn gehoorzaamheid vervuld. Daarom is hier de vernietiging van de morele wortel van de dood, van de dood als de losprijs voor de zonde, te vinden. Het hele leven van Jezus is in God zoals elk menselijk leven dat zou moeten zijn. Het is deze volheid van leven, dit leven vol betekenis en inhoud, vol van God, dat de dood overwint, zijn kracht vernietigt. Want de dood is bovenal een gebrek aan leven, een vernietiging van het leven dat zich van zijn enige bron heeft afgesneden. En omdat de dood van Christus een beweging van liefde naar God is, een daad van gehoorzaamheid en vertrouwen, van geloof en volmaaktheid - is het een daad van het leven, dat de dood vernietigt ("Vader, in Uw handen leg ik mijn geest" – Lc. 23,46). Het is de dood van de dood zelf... Dit is de betekenis van Christus' nederdaling in de Hades, van Zijn dood die Zijn overwinning wordt. En het licht van deze overwinning verlicht nu onze wake bij het Graf.

> *"Hoe, o Leven, kunt gij sterven? Of in een graf blijven? Want Gij vernietigt het koninkrijk van de dood, o Heer, en Gij wekt de doden in het Rijk van Hades op."*
>
> *"In een graf legden zij U, o mijn Leven en mijn Christus. Maar zie nu, door Uw dood, wordt de dood neergeslagen, en Gij stort de stromen van het leven uit voor de hele wereld."*
>
> *"O, wat was die vreugde vol! O, wat een groot genot! Waarmee Gij allen vervulde die door Hades werden vastgehouden, toen Gij Uw licht in die don kere diepten uitsprak."*

Het leven komt het koninkrijk van de dood binnen. Het Goddelijke Licht schijnt in zijn verschrikkelijke duisternis. Het straalt voor allen die er zijn, omdat Christus het leven van allen is, de enige bron van ieders leven. Daarom sterft Hij ook voor allen, want wat er ook met Zijn leven gebeurt - gebeurt in het Leven zelf... Deze nederdaling in de Hades is het gevecht van het Leven van allen met de dood van allen:

> *"Gij zijt naar de aarde afgedaald om Adam te verlossen, en toen Gij hem op aarde niet kon vinden, zijt Gij afgedaald, hem al zoekend zelfs tot in Hades..."*

Verdriet en vreugde bevechten elkaar en nu staat de vreugde op het punt te winnen. De 'lofprijzing' is voorbij. De dialoog, het duel tussen Leven en Dood loopt ten einde. En voor het eerst klinkt het lied van de overwinning en triomf, het lied van vreugde. Het weerklinkt in de "troparia op Psalm 119", gezongen in elke Zondagsvigilie, bij het naderen van de Op- standingsdag:

> *"Het gezelschap van de engelen was verbaasd, toen zij U onder de doden aanschouwden, maar toch, Uzelf, o Verlosser, de kracht van de dood ver- nietigend, en met U Adam opwekkend en alle men- sen uit de hel bevrijdend."*

> *'Waarom, o vrouwelijke leerlingen, vermengt gij zoetgeurende specerijen met uw tranen van me- delijden? De stralende engel in het Graf riep tot de Myrondragende vrouwen: Zie het graf en weet, dat de Verlosser is opgestaan uit het graf.'*

Het Levenschenkende Graf

Dan volgt de prachtige Canon van Grote Zaterdag, waarin nogmaals alle thema's van deze dienst - van de begrafenis- klaagzang tot de overwinning op de dood - worden hervat en verdiept, en die eindigt met deze opdracht:

> *"Laat de hele schepping zich verheugen, en de hele aarde blij zijn; want Hades en de vijand zijn verslagen. Laat de vrouwen mij tegemoetkomen met myron, want Ik zal Adam verlossen samen met Eva en al hun nakomelingen, en Ik zal opstaan op de derde dag."*
> *"En Ik zal opstaan op de derde dag."*

Van nu af aan verlicht paasvreugde de dienst. Wij staan nog steeds voor het Graf, maar het is aan ons geopenbaard als het levenschenkende Graf. Het leven rust in haar, er wordt een nieuwe schepping geboren en nogmaals, op de Zevende Dag, de dag van rust – rust de Schepper uit van al Zijn werk." "Het Leven slaapt en Hades siddert" - en wij mediteren over deze gezegende Sabbat, de plechtige stilte van de Ene, die het leven tot ons terugbrengt:

> *"O kom, laat ons ons leven zien, rustend in het graf..."*

De volle betekenis, de mystieke diepte van de Zevende Dag, als de dag van de voltooiing, de dag van het volbracht zijn, wordt nu geopenbaard, want

> *"... De grote Mozes kondigde deze dag op mystieke wijze aan toen hij zei: 'en God zegende de zevende dag.'[28] Dit is de gezegende Sabbat; het is de dag van rust en op deze dag rustte de Eniggeboren Zoon van God van al Zijn werken. Zo hield Hij in levende lijve Sabbat dankzij de vrijwaring van de dood, want juist op deze dag keerde Hij terug door de Opstanding. Hij heeft ons het eeuwige leven geschonken, want alleen Hij is goed en Menslievend."*

We gaan nu in een plechtige processie met de Epitaphios om de Kerk heen, maar het is geen begrafenisstoet. Het is de Zoon van God, de Heilige Onsterfelijke, die door de duisternis van Hades gaat en aan 'Adam van alle generaties' de vreugde van de komende Opstanding aankondigt. "Stralend als de morgen na de nacht", verkondigt Hij dat "alle doden weer zullen opstaan, allen in de graven zullen leven en allen die geschapen zijn zullen zich verheugen..."

Verwachting van het leven

We keren weer terug naar de Kerk. We kennen reeds het mysterie van Christus' levenschenkende dood. De Hades is vernietigd. De Hades siddert. Nu dient zich het laatste thema – het thema van de Opstanding - aan.

Sabbat, de zevende dag, volbrengt en voltooit de heilsgeschiedenis, waarvan haar laatste daad het overwinnen van

---

28 Gen.2,3. Het is de klassieke gedachte, dat Mozes de vijf eerste boeken van de Bijbel, de zogenaamde 'Pentateuch,' geschreven heeft.

de dood is. Maar na de Sabbat komt de eerste dag van een nieuwe schepping, van een nieuw leven geboren uit het graf.

Het thema van de Opstanding wordt ingeleid met het Prokimenon:

> *"Sta op, o Heer, help ons en verlos ons, tot eer van Uw naam. O God, wij hebben het met onze oren gehoord."*

Het wordt vervolgd in de eerste lezing: de profetie van Ezechiël[29] over de dorre beenderen: "....zij waren er heel veel op de grond in het dal, en zie, ze waren erg droog." Het is de dood die triomfeert in de wereld, en de duisternis, de hopeloosheid van dit universele doodvonnis. Maar God spreekt tot de profeet. Hij kondigt aan dat dit vonnis niet het uiteindelijke lot van de mens is. De dorre beenderen zullen de woorden van de Heer horen. De doden zullen weer leven. "Zie, Ik zal uw graven openen en u uit uw graven opwekken, o mijn volk; en Ik zal u thuisbrengen in het land Israël..." In aansluiting op deze profetie komt de tweede Prokimenon, met dezelfde oproep, hetzelfde gebed:

> *"Sta op, o Heer, mijn God; hef uw hand op..."*

Hoe zal het gebeuren, hoe is deze algemene Opstanding mogelijk? De tweede lezing[30] geeft het antwoord: "Weet gij niet, dat een weinig zuurdesem het gehele deeg zuur maakt?..." Christus, ons Paaslam, is dit zuurdesem van de Opstanding van allen. Zoals Zijn dood het principe van de dood vernietigt, is Zijn Opstanding het teken van de Opstanding van allen, want Zijn leven is de bron van elk leven. En de verzen van het "Alleluia", dezelfde verzen die de Paasviering zullen inluiden, bekrachtigen dit laatste antwoord, de zekerheid dat de tijd van de nieuwe schepping, van de dag zonder avond, is aangebroken:

---

29 Ez.37,2
30 1 Kor.5,6; Gal. 3,13-14 (Statenvertaling)

*"Alleluia!! Laat God opstaan en laat Zijn vijanden
verstrooid worden, en laat hen die Hem haten
vluchten voor Zijn Aangezicht...*

*Alleluia!! Gelijk rook verdwijnt, verdrijft Gij hen,
als was die in het vuur smelt."*

Het lezen uit de Profeten is afgerond. Maar daarmee hebben
wij slechts profetiën gehoord. Wij bevinden ons nog altijd op
Grote Zaterdag voor het graf van Christus. Wij hebben deze
lange dag nog te doorstaan, voordat wij om middernacht
"Christus is verrezen!" horen roepen, voordat wij de viering
van Zijn Opstanding aanvangen. Zo vertelt de derde lezing[31]
ter afsluiting van de dienst ons nogmaals over het Graf: "Dus
gingen zij en stelden het Graf veilig door de steen te verzege-
len en een bewaker te plaatsen."

Maar hier het is waarschijnlijk, helemaal aan het einde van
de Metten, dat de uiteindelijke betekenis van deze 'tussendag' duidelijk wordt. Christus is opgestaan uit de dood, Zijn
Opstanding zullen wij vieren op de zondag van Pascha. Deze
viering herdenkt echter een eenmalige gebeurtenis uit het
verleden en anticipeert op een mysterie in de toekomst. Het
is reeds Zijn Opstanding, maar nog niet de onze. Wij dienen
te sterven ter aanvaarding van het sterven, de scheiding en
de vernietiging. Onze realiteit in deze wereld, in dit 'tijdperk,'
is de realiteit van Grote Zaterdag. Deze dag is het reële beeld
van ons menselijk bestaan. Wij geloven in de Opstanding, omdat Christus uit de dood is opgestaan. Wij verwachten de Opstanding. Wij weten dat de dood van Christus de kracht van
de dood heeft vernietigd. De dood is niet langer het hopeloze,
het ultieme einde van alles... Gedoopt in Zijn dood nemen wij
reeds deel aan Zijn leven dat uit het graf kwam. Wij ontvangen Zijn Lichaam en Bloed als het voedsel van onsterfelijkheid. Wij hebben in onszelf het teken, de voorsmaak van het
eeuwige leven... Heel ons christelijk bestaan wordt afgeme-
ten aan deze daden van gemeenschap met het leven van het
'nieuwe tijdperk' van het Koninkrijk... Desondanks leven wij
hier, met de dood als ons onontkoombare deel.

____

31 Mt. 27,62-66

En toch, is dit leven tussen de Opstanding van Christus en de dag van de gemeenschappelijke Opstanding, niet juist het leven op Grote Zaterdag? Is verwachting niet de fundamentele en essentiële categorie van de christelijke beleving? Wij wachten met liefde, hoop en geloof. Al dit wachten op "de Opstanding en het leven van de toekomende wereld," dit leven dat "met Christus verborgen is in God,"[32] deze groei van verwachting in liefde en in zekerheid, is onze eigen 'Grote Zaterdag'. Beetje bij beetje wordt alles in deze wereld doorzichtig voor het licht dat daar vandaan komt. Het "beeld van deze wereld" gaat voorbij en dit onverwoestbare leven met Christus wordt onze allerhoogste en uiteindelijke waarde.

Elk jaar, op Grote Zaterdag, na deze ochtenddienst, wachten wij op de Paasnacht en de volheid van de Paasvreugde. Wij weten dat zij eraan komen - en toch, hoe lang duurt dit komen niet, hoe lang is deze dag niet? Maar is de wonderlijke stilte van Grote Zaterdag niet het symbool van ons leven in deze wereld? Zijn wij niet altijd op de 'tussendag,' wachtend op het Pascha van Christus, ons voorbereidend op de dag zonder avond van Zijn Koninkrijk?

---

32 Kol. 3:3-4

VII. HEILIG PASCHA

Het Feest van de Verrijzenis

Dit is het uitgangspunt voor ons begrip van de heiliging van de tijd. Het is de orthodoxe beleving, die teruggaat tot op de apostelen zelf, dat wij in het centrum van ons liturgische leven - in het centrum van die tijd als jaar gemeten - het Feest van de Opstanding van Christus vinden. Wat is de Opstanding? Opstanding is de verschijning in deze wereld, volledig gedomineerd door de tijd en dus door de dood, van leven dat niet zal eindigen. Hij Die weer opstond uit de dood, sterft niet meer. In deze wereld van ons, niet ergens anders, niet in een 'andere' wereld, verscheen er op een ochtend Iemand die voorbij de dood en desondanks in onze tijd is. Deze betekenis van Christus' Opstanding, deze grote vreugde, is het centrale thema van het christendom; en het is in zijn volheid bewaard in de Liturgie van de Orthodoxe Kerk. Het is meer dan waar wat velen zeggen, dat het centrale thema van de Orthodoxie, de Opstanding van Christus is, het centrum van al haar beleving, het referentiekader voor al het overige waar zij voor staat.

Wij, Orthodoxen die in het Westen leven, lopen het gevaar deze spiritualiteit van de Opstanding, zo eigen aan het christendom, te verliezen. Wij zijn meer met de dood bezig dan met de Opstanding. Het kerkelijk leven wordt soms meer bepaald door begrafenissen dan door de vroomheid van de Opstanding. Toch kan niemand de werkelijke opbouw van de liturgische cyclus van het jaar begrijpen, als hij niet inziet dat de kern van het geloof, de dag die betekenis geeft aan alle dagen en dus aan alle tijden, de jaarlijkse herdenking van de Opstanding van Christus met Pascha is. Pascha is altijd het einde en altijd het begin. Wij leven voortdurend na Pascha en wij zijn steeds naar Pascha onderweg. Heel de geest en betekenis van het liturgische leven is vervat in Pascha samen met de daaropvolgende vijftigdaagse periode, die zijn hoogtepunt bereikt op het feest van Pinksteren, de nederdaling van de Heilige Geest op de apostelen. Deze unieke Paasviering spiegelt zich elke week af op de christelijke Zondag, de dag die Russen bijvoorbeeld nog steeds Voskresenie 'Opstanding' noemen. Ofschoon het u vreemd mag voorkomen, is het belangrijk om te beseffen dat het elke zondag een klein Pascha is. Ik zeg 'Klein Pascha,' maar het is in werkelijkheid het 'Grote Pascha'. Elke week komt de Kerk tot dezelfde centrale beleving: "Nu wij Christus' Opstanding aanschouwd hebben…" Iedere zaterdagavond, wanneer de priester het Evangelie van het Altaar naar het midden van de kerk draagt, nadat hij het Evangelie van de Opstanding heeft gelezen, wordt hetzelfde fundamentele feit van ons christelijk geloof verkondigd: CHRISTUS IS OPGESTAAN! De H.Paulus zegt: "Als Christus niet is verrezen, dan is onze prediking ijdel en ijdel is uw geloof." (I Kor.15,14). Er valt niets anders te geloven. Dit is het hart van ons Geloof. Het is met het oog op Pascha het einde van alle louter natuurlijke tijd en het begin van de nieuwe tijd, dat wij het gehele liturgische jaar goed kunnen inschatten.

Pinksteren en Pascha

Pinksteren is de voltooiing van Pascha. Wie zijn Kerkkalender erop naslaat, zal zien dat al onze zondagen 'Zondagen na Pinksteren' worden genoemd. Pinksteren zelf is de vijftigste dag na Pascha. Pinksteren is de vervulling van Pascha. Christus steeg op naar de hemel en zond Zijn Heilige Geest uit. Toen Hij Zijn Heilige Geest in de wereld zond, werd er een nieuwe maatschappij opgericht, een belichaming mensen, die een nieuwe betekenis ontving. Deze nieuwe betekenis komt rechtstreeks voort uit de Opstanding van Christus. Wij zijn niet langer mensen in een zinloze tijd die leidt tot een betekenisloos einde. Wij krijgen niet alleen een nieuwe betekenis in het leven, maar juist de dood zelf heeft een nieuwe betekenisvolheid gekregen. In de tropaar van Pascha zeggen wij: "de dood vertreden door de dood." Wij zeggen niet dat Christus de dood vertreden heeft door de Opstanding, maar door de dood. En hoewel een christen nog steeds geconfronteerd wordt met de dood, zoals ieder ander mens, heeft de dood voor hem een nieuwe betekenisvolheid. Het wil zeggen het binnengaan in het Pascha van de Heer, in Zijn eigen overgang van het oude naar een nieuw leven. Dit is de sleutel tot het liturgische jaar van de Kerk. Het christendom is in de eerste plaats de verkondiging in deze wereld van Christus' Opstanding. Orthodoxe spiritualiteit is paschaal in haar innerlijkste inhoud en de ware inhoud van het christelijke leven is vreugde.

We hebben het over feesten, en het feest is de uitdrukking van het christendom als vreugde. Wanneer je aan kinderen onderwijs geeft, breng je hen niet alleen bepaalde kennis over, maar tegelijk de geest die achter deze kennis schuilgaat. Je weet dat vreugde het enige is wat een kind gemakkelijk accepteert. Wij hebben ons christendom echter zo volwassen gemaakt, zo ernstig, zo treurig, zo plechtig, dat wij het zo goed als al die vreugde ontnomen hebben. En dat terwijl Christus gezegd heeft: "Wie het koninkrijk van God niet ontvangt als een kind, zal er zeker niet binnengaan."[33] Worden als een kind, in de woorden van Christus, betekent dat je die vreugde waartoe een volwassene niet meer in staat is, kunt ontvangen, dat je gemeenschap kunt aangaan met de dingen, met de natuur, met andere mensen, zonder achterdocht, angst of frustratie. Wij gebruiken vaak de term genade, maar wat is genade? Charis betekent in het Grieks niet alleen genade, maar ook vreugde. Als ik dit punt zo benadruk, is het vanwege mijn zekerheid dat onze eerste boodschap deze boodschap van de vreugde van Pascha moet zijn. Wanneer wij in de Paasnacht aan de deur van de Kerk staan en de priester zegt: "Christus is opgestaan", wordt de nacht in de woorden van Gregorius van Nyssa "lichter dan de dag". Hier ligt de kracht, de ware wortel van de christelijke beleving. En alleen binnen het kader van deze vreugde kunnen wij al het andere verstaan.

Laten wij in gedachten houden dat Pascha het echte begin is van ons liturgisch jaar. Het kerkelijk jaar begint "officieel" op 1 september, maar ik spreek hier in termen van het spirituele principe en de basis ervan, omdat Pascha daadwerkelijk ons begrip van tijd ontvouwt. De wereld was donker en Iemand bracht licht en warmte. De wereld was bedroefd omdat het een begraafplaats was geworden, en Iemand zei: "De dood is

33 Mc.10:15 en Lc.18:17

niet meer." Dit is wat Christus in deze wereld deed. Het was koud en zondig en wreed, en Hij kwam en zei: "Verheug u!" Dit is de manier waarop Christus zijn leerlingen toesprak. "Verheug u! Vrede zij met u!" Paschale vreugde is daarom het begin van de christelijke beleving.

DE DAGBOEKEN VAN VADER ALEXANDER SCHMEMANN 1973 – 1983[34]

BLOEMLEZING VAN DE PASSAGES OVER DE GROTE VASTEN EN DE HEILIGE WEEK

34 The Journals of Father Alexander Schmemann 1973 – 1983; vertaald door Juliana Schmemann / St.Vladimir's Seminary Press . Crestwood . New York 10707-1699 / ISBN 978-0-88141-200-0

HOOFDSTUK 1: 1973

Dinsdag 3 april 1973 [35]

De Orthodoxe Dienst

Vanmorgen heb ik een lezing gegeven over de Zondagse Pro-
keimenon van de Metten, over de voorbereiding en het lezen
van het Evangelie. Het geeft mijzelf veel vreugde om te ont-
dekken iets trachten over te brengen dat eigenlijk zo volkomen onoverdraagbaar is. Mensen zijn vergeten hoe zij deze
andere dimensie kunnen begrijpen, voelen en realiseren. Het
openbaren van deze dimensie is de reden waarom de Kerk
bestaat. Zonder deze andere dimensie betekenen de hele leer,
structuur en orde van de Kerk niets.

Donderdag 5 april 1973 [36]

Kerkdiensten – openbaring van het Koninkrijk

Gisteren, in Toronto, na de Passiedienst, lezing over de geest
van de Orthodoxe dienst, over wat voor mij het meest klaarblijkelijke is wat betreft de Orthodoxe eredienst als de daad-
werkelijke openbaring van het Koninkrijk van God; openbaring die ons in staat stelt het Koninkrijk lief te hebben, te
bidden voor zijn komst, het te voelen als "het enig noodzakelijke". Schoonheid als openbaring van waarheid en goedheid;
Kerk als plaats van die openbaring. Stille, ademloze aandacht
- het lijkt besmettelijk.
Tijdens de Passie, staande bij het altaar, dacht ik: Wat een
immens deel van het leven, vanaf mijn vroege jeugd, heb ik
doorgebracht in die lucht, die melodie, die staat - het lijkt
hetzelfde, ononderbroken moment: het altaar, de priester in
vastengewaden, de wierook, dezelfde vreugdevolle, nederige,
droevige melodie van de Vastentijd, "Heer, ontferm U". Even
later in de dienst zong het koor: "O Gij Die Uzelf met licht

---

35 Idem, p.9
36 Idem

kleedde als met een kleed..." Ze zongen onhandig, langzaam, ernstig geregisseerd door een heel jong meisje. En weer het wonderbaarlijke 'Wee mij, mijn Licht'. In het uur van de dood zal er van het leven een uniek visioen overblijven van een onveranderlijk altaar, een eeuwig gebaar, een doorlopende melodie. Er is echt niets beters; waarlijk een openbaring.
De dag ervoor hoorde ik in Buffalo een verrassend verhaal van Vader Thaddeus Woicik,[37] over een vrouw in zijn parochie, een nuchtere, oprechte weduwe met twee kinderen. Zonder enige hysterie, zonder extase of sentimentaliteit, zei ze dat ze tijdens de dienst het altaar en de priester verlicht zag door een verblindend licht. Het had even geduurd. Onuitsprekelijke vreugde om dat verhaal, vooral zoals door Vader Ted zelf verteld, zo nederig, zo helder, zo transparant.

Vrijdag 6 april 1973[38]

Vreugde - geen woorden nodig

Gisteren was het kleine Vera's verjaardag. Er zijn drie jaar verstreken sinds die nacht in dat ziekenhuis in Derby, toen we baden voor het leven van haar moeder. Hoe kleinzielig en zielig lijken alle 'serieuze' discussies, alle ophef over problemen, vergeleken met die avond.
Wat is geluk? Het is om te leven zoals we nu doen, met L., gewoon met z'n tweeën, genietend van elk uur - ochtendkoffie; twee, drie uur stilte in de avond. Geen 'bijzonder' gesprek. Alles is duidelijk, en dus zo goed! Als we zouden proberen de

37 Wojcik, Father Thaddeus – priester van de Orthodoxe Kerk America (OCA) en oud-student van het St.Vladimir's Seminarie (oorspronkelijke voetnoot van Liliane Schmemann)
38 The Journals, p.10. Dit dagbericht gaat niet over Vasten of Pasen als zodanig, maar het zegt zoveel over hoe de gehuwde priester Vader Alexander Schmemann in het (familie)leven en in zijn huwelijk staat. Het gaat over leven en dood, over gebed, over vreugde waar hij zo vaak over spreekt. De nabijheid van de gehuwden maakt directe communicatie bijna overbodig omdat men elkaar zonder woorden verstaat ondanks mogelijke misverstanden. Wat dan nog gezegd wordt begint aan Gods Woord te grenzen. In die zin zou deze huwelijkse communicatie in zekere zin 'liturgisch' genoemd kunnen worden en past daarmee toch binnen dit kader van de reflecties over Vasten en de Goede Week, waarin minder woorden er steeds meer toe doen.

essentie van dat voor de hand liggende geluk te definiëren, zouden we het geheel anders kunnen doen; misschien krijgen we zelfs ruzie! Mijn woorden lijken haar niet te bevallen, en andersom. Misverstand! En het geluk zou vertroebeld raken. Naarmate men de essentie van iets nadert, zijn er steeds minder woorden nodig. In de eeuwigheid, in het Koninkrijk, zal alleen "Heilig, Heilig, Heilig" nodig zijn, alleen woorden van lof en dank, alleen gebed en de helderheid van volheid en vreugde. Daarom zijn de enige diepgaande en noodzakelijke woorden niet de woorden die over de werkelijkheid gaan (discussies), maar die in zichzelf echt zijn en als zodanig het symbool, de aanwezigheid en het mysterie van de werkelijkheid zijn.

Het woord van God, gebed, kunst - er was een tijd dat theologie dat 'woord van God' was, niet alleen woorden over God, maar goddelijke woorden, een openbaring.

Wat is bidden? Het is de herinnering aan God, het gevoel van Zijn aanwezigheid; het is vreugde om die aanwezigheid. Altijd, overal, in alle dingen.

Vrijdag 13 april 1973 [39]

Geheugen. Herinnering

> "Accepteren niet geliefd te zijn, het is tegen deze prijs dat iemand zijn stempel op de dingen drukt" (uit een artikel van Michel Debré).

Vrijdag van de vijfde week van de Vasten. Van jongs af aan heb ik deze dag altijd gevoeld als het begin van het uiteindelijk naderen van Pascha. Vanmorgen herinnerde ik mij zo helder een van de jaren die ik op het Lycee Carnot heb doorgebracht (waarschijnlijk in 1938 - ik was vijftien). Ik liep van huis naar school en keek er reikhalzend naar uit hoe ik over vier uur naar de kathedraal aan de Rue Daru zou gaan, voor de Akathist[40] van de Maagd Maria. Ik herinner mij alles: het licht, de

---

39 Idem, p.10

40 De 'Akathist' is een Byzantijnse hymne, gezongen ter ere van de Moeder Gods, meer bepaald om haar te prijzen voor de centrale rol die haar bij de Menswording Christus werd en blijft toebedeeld. (Edmond Voordeckers, Verheug U, Bruid, Altijd-maagd – De Akathistos Hymne van de Byzantijn-

bomen, net ontluikende jonge groene blaadjes; kindergehuil en gelach op het pleintje. Ik wist toen nog niet dat ik in diezelfde straat mijn vader in de zomer van 1957 voor het laatst zou zien - ik vertrok naar New York en hij keek naar beneden, zwaaiend naar mij vanuit zijn raam op de vierde verdieping. Met wat inspanning kan ik mij veel dingen herinneren: ik kan een opeenvolging van gebeurtenissen terughalen, het wanneer en het hoe. Maar om de een of andere reden, herinner ik mij sommige dingen (dagen, minuten) niet, maar ik onthoud ze, alsof ze een eigen leven in mij hadden. Het zijn geen opmerkelijke of belangrijke gebeurtenissen, zelfs helemaal geen gebeurtenissen, maar bepaalde momenten of indrukken. Ze zijn het weefsel van mijn bewustzijn geworden, een constant deel van mij. Ik ben er vrij zeker van dat deze herinneringen openbaringen (epifanieën) zijn diep van binnenuit, in contact met de 'ander', het diepere en hogere bewustzijnsniveau. Later, veel later, realiseert men zich dat op deze momenten een soort absolute vreugde werd gegeven. Vreugde over niets concreets, maar toch vreugde; de vreugde van Gods aanwezigheid en openheid naar het hart. En de ervaring van dit nauwe contact, van deze vreugde (die nooit zal worden weggenomen omdat het het diepste deel van het

---

se Kerk / Uitgaven Abdij Bethlehem B-2820 Bonheiden, p.9). De Akáthistos Hymne is één van de meest geliefde gezangen van de Orthodoxe Kerk. "Met deze naam wordt voornamelijk een uitvoerige lofzang ter ere van de H.Moeder Gods aangeduid, waarin de lof van Maria's moederschap wordt bezongen en haar voorspraak ingeroepen. Over tijd van ontstaan en auteurschap heerst nog steeds onzekerheid; veelal neemt men aan dat de lofzang in de 7[e] eeuw werd geschreven (de namen van Georgius van Pisidië en patriarch Sergius worden genoemd) als dankhymne voor de bevrijding van Constantinopel van de aanvallen of een aanval van de barbaren. De lofzang is opgebouwd uit 24 strofen die elke met een letter van het alfabet beginnen: 12 strofen die telkens de inleiding vormen tot de 12 reeksen paarsgewijs gegroepeerde aanroepingen (besloten met het ook aan de H.Anselmus bekende refrein "Gegroet, ongehuwde bruid") en daartussen 12 korte strofen die eindigen met 'alleluia'. In hoever deze structuur met de oudere vorm van het kondákion samenhangt is niet duidelijk. Op den duur heeft de Akáthistos Hymne, ingebouwd in een kanon, een plaats in de byzantijnse getijden verworven; op zaterdag in de vijfde week van de Grote Vasten vormt hij een bestanddeel van de morgendienst. Ook op andere dagen kan hij aan de getijden worden toegevoegd." (Bron: Liturgisch Woordenboek / J.J.Romen & Zonen, Roermond en Maaseik (1958-1962), p.82v)

hart is geworden) zal de gedachten en visie van iemands hele leven bepalen.

Heilige Zaterdag

Een herinnering

Die Heilige Zaterdag in Parijs bijvoorbeeld stond ik op mijn balkon voordat ik naar de kerk ging. Ik zag een auto voorbijkomen en er was een snelle verblindende weerkaatsing van zonlicht uit een van de ramen. Alles wat ik ooit heb gevoeld en geleerd over Heilige Zaterdag, en op die dag heb bedacht over de essentie van het christendom; alles wat ik heb geprobeerd te zeggen of te schrijven, is altijd een innerlijke behoefte geweest om aan mezelf en aan anderen door te geven wat er losbarstte, wat op dat moment werd verlicht en aan mij werd geopenbaard. Men spreekt hierover wanneer men spreekt over eeuwigheid. Eeuwigheid is niet de ontkenning van tijd, maar de absolute heelheid, samenkomst en herstel van de tijd. Eeuwig leven is niet wat begint na het tijdelijke leven; het is de eeuwige aanwezigheid van de totaliteit van het leven.

Christendom is een gezegende herinnering; het is echt het veroveren van de gehele gefragmenteerde tijd; het is de ervaring van de eeuwigheid, hier en nu. Alle religies en spiritualiteiten die de neiging hebben de tijd te vernietigen zijn valse religies en pseudo-spiritualiteiten.

Een stralende, zonnige lentedag. Het lijkt erop dat de dag zelf zingt: In U alleen verheugen wij ons!"

Maandag 16 april 1973 [41]

Ik herinner mij de Akathist op vrijdagavond en de Liturgie van Zaterdag. Terwijl wij de Communie in het altaar plaatsten, zong het koor: "Wees gegroet, Maria, wiens vreugde stralend is." Het koor zong prachtig en de hele dienst was als regen op mijn hart na een droogte.

---

41 The Journals, p.12

We brachten zaterdagnamiddag door in Whappingers Falls met Vader Tom, Anya en de kinderen. Vooral omdat wij op zo'n dag met zoveel licht, zo'n blauwheid, zo'n vreugde niet thuis konden zitten, En gisteren, op zondag weer: stikkend van gelukzalige vreugde.

Het gemengde koor was aan het zingen – twee, drie studenten, een paar meisjes. Een gevoel van volledige zekerheid: de mens is capax Dei - in staat om bij God te zijn. Onderwijl, een gesprek met N. over zijn depressie. Het is zo'n onmiskenbare, demonische opstand tegen het licht.

Donderdag 19 april 1973 [42]

Deze dagen heb ik voortdurend een eindeloze opeenstapeling van zaken, zorgen, haast en verdriet om roddels van een pijnlijk niveau in tijden van onze kleine seminariewereld. Ik heb het gevoel dat er wat grijs stof op mijn hart ligt. Ik kan geen vreugde voelen, noch enig licht zien. Het enige wat ik wil is dat ik me erdoorheen kan 'wurmen', om deze golf te doorstaan.

Enkele lichtstralen: een lezing op woensdag over de Maagd Maria, als ik voel dat ik tegen mezelf praat. Vandaag een plotseling gevoel van opluchting: Alles is weer goed.

Morgen is de laatste dag van de Vastentijd en zullen wij zingen: "Na de veertig dagen te hebben volbracht..."

Het is het begin van de meest gezegende dagen van het jaar. Ik bid dat ze vredig en puur zullen zijn. De hele dag was er een hevig noodweer op komst. Nu is die hier - een stortbui in de lente.

Palmzondag 22 april 1973 43

Vreugde! Hoe het voortvloeit uit deze unieke dagen, Lazarus-zaterdag en Palmzondag. De Epistellezing van vandaag:

---

42 Idem, p.12
43 Idem, p.12

"Verheug u, en opnieuw zeg ik verheug u..."[44] Het feest van het Koninkrijk.

Lichtende Dinsdag 1 mei 1973 [45]

Pascha. Heilige Week. In wezen heldere dagen zoals die noodzakelijk zijn. Ik ben ervan overtuigd dat als mensen Heilige Week, Pascha, de Opstanding, Pinksteren, het Ontslapen[46] echt zouden horen, er geen behoefte zou zijn aan theologie. Al het theologische is er. Alles wat nodig is voor iemands geest, hart, verstand en ziel. Hoe konden mensen zich eeuwenlang bezighouden met het bediscussiëren van rechtvaardiging en verlossing? Het is er allemaal in de diensten. Het wordt niet alleen geopenbaard, het stroomt gewoon in iemands hart en geest. Hoe langer ik leef, des te meer ben ik ervan overtuigd dat de meeste mensen van iets anders houden en iets anders verwachten van religie en zien in religie. Voor mij is dit afgoderij, en het maakt het contact met mensen vaak zo moeilijk.

Maandag 7 mei 1973 – Na Pascha [47]

Op zaterdag, na de laatste Paasliturgie, vertrokken we naar Montauk Point, Long Island, voor wat rust. We brachten de nacht door in hetzelfde motel in East Hampton. Wat een genot, wat een ontzettend leuk weekend. We brachten de ochtend door op de rotsen in de buurt van de vuurtoren. De oceaan, zonneschijn, stilte, een heerlijke lunch in een Duits restaurant op de pier van Sag Harbor.

Men telt de dagen tot Pascha, dan tot het einde van het schooljaar, dan het gezegende vertrek naar Labelle. Als men de dagen nu eens met dezelfde gretigheid, hoop en vreugde en verwachting zou tellen tot de 'dag zonder avond'. Echter in plaats daarvan angst, moedeloosheid.

---

44 Fil.4,4-6 (vert.)
45 The Journals, p.13
46 Het 'Ontslapen' is de verkorte spreekvorm van het zomerfeest 'het Ontslapen van de Moeder Gods', het feest van het Sterven van Maria, gevierd op 15 augustus.
47 The Journals, p.13

HOOFDSTUK 2: 1974

Maandag 11 februari 1974 [48]

Vanmorgen van 6 tot 8 uur, in het pikkedonker, stond ik in de rij om wat benzine te tanken voor mijn auto. Ik bracht een zalige tijd door gefascineerd door de wereld van eenvoudige mensen, de ochtenddrukte, het leven in zijn dagelijkse mix van kleuren. Ik pakte een boek, maar las het niet. In plaats daarvan mijmerde ik genoeglijk.

Al deze dagen staan bol van het nieuws over Solzjenitsyn. Op dinsdag in Washington, waar ik naartoe vloog om een lezing over S. te houden aan de American University, hoorde ik over zijn arrestatie en, de volgende dag, over zijn uitzetting van Rusland naar Zwitserland. 's Nachts zag ik hem op televisie uit het vliegtuig stappen. Ik heb één wens: dat Solzjenitsyn zichzelf kan blijven, wat in het Westen misschien moeilijk is. Emigrant zijn is zoveel moeilijker dan in je vaderland te zijn. Als S. mijn advies zou vragen, wat te doen in ballingschap, zou ik hem vertellen dat het Rusland dat je heeft verdreven geen Rusland is, maar dat het Rusland 'in het buitenland' evenmin Rusland is. Blijf die je bent. Wees verantwoordelijk; identificeer je niet met iets of iemand in het Westen.

Nadat ik vanmorgen een biecht had gehoord, dacht ik, hoe gemakkelijk is het om advies aan anderen te geven, dat men eigenlijk zelf ter harte moet nemen.

Woensdag 20 februari 1974 [49]

Gisteren was het voor mij een werkelijk vreugdevolle Paasdag. Om 04.00 uur belde Nikita Struve vanuit Parijs, dat hij net twee dagen met Solzjenitsyn had doorgebracht. N.S. zei

---

48 Idem, p.32 Deze dagboeknotitie is toegevoegd aan deze bloemlezing over de Vasten en de Heilige Week om latere berichten over de regiemkritische schrijver Alexander Solzhenitsyn beter verstaanbaar te maken.
49 Idem, p.33

dat Solzjenitsyn mij wilde ontmoeten, omdat hij het gevoel had dat wij op elkaar 'betrokken' zijn. Hij hield van mijn radio-uitzendingen over de Goelag. Struve: "Hij is een superman!"

Maandag 25 februari 1974[50]

'Zuivere Maandag'- de eerste dag van de Grote Vasten. Ik bracht zaterdag en gisteren in Endicott, N.Y. door. Vreugdevolle indruk van de diensten en de mensen. Na dagen van innerlijke rebellie, zo'n duidelijke aanwijzing: stop met rebelleren, er is geen plek om heen te gaan. De Kerk is uw lichaam en bloed; u bent door uw priesterschap met de kerk getrouwd.

Donderdag 25 februari 1974[51]

De eerste Liturgie van Voorafgewijde Gaven gisteren. Voorafgaand aan de Liturgie, twee uur biecht horen. De gebruikelijke indruk: de vernauwing van het geweten van mensen door vroomheid en daarom is wat men hoort geen belijdenis van zonden, maar van 'moeilijkheden' die onze aandacht niet in beslag zouden moeten nemen. Ik probeer mensen altijd op te roepen om verhevener te leven, meer open. Vanochtend gaf ik een lezing over zonde – een reconstructie van het sacrament van berouw, zijn ware dimensie, kerkelijk, eschatologisch. Hoe ver is die dimensie niet verwijderd van de gebruikelijke kijk op de biecht welke leidt tot een nogal saai, grijs ingraven in zichzelf. Hoeveel onnodige poespas in de Kerk, hoe weinig lucht, stilte, licht. Vandaag, tijdens mijn lezing, becommentarieerde ik de prachtige brief van Palmzondag - Filippenzen 4,4: "Verheug u in de Heer; nogmaals zeg ik: Verheug u..." Wat een oproep! Badend in zonneschijn, stralende dagen die de lente aankondigen.

---

50 Idem, p.34
51 Idem, p.34

Donderdag 7 maart 1974 [52]

Ik bracht twee dagen door in Syosset op een bijeenkomst van de bisschoppensynode. De bisschoppen vierden en zongen de Liturgie van de Voorafgewijde Gaven. Ze zongen samen, zo goed, met zo'n eenvoud. Ik werd geïnspireerd door hun sterke gehechtheid aan de Kerk, hun standvastige loyaliteit, een soort nederigheid. Wij begrijpen het niet altijd, en wij denken er ook niet altijd over na, maar wij 'behouden' de Kerk en wij verheugen ons hoe goed we haar bewaren. Dit is het Oude Testament en het behoud van de gedachtenis. Het is zo belangrijk omdat het zo diepgaand is. Ik voel er dankbaarheid voor, want hoe zouden mensen zonder dat geïnspireerd, - in vuur en vlam gezet kunnen worden?

Zondag 17 maart 1974 [53]

Al die dagen heb ik tijd weten te vinden, in flarden, om mijn Of Water and Spirit [54] te schrijven. Ik voel me zo geïnspireerd en vol vreugde als ik kan werken aan waar ik van houd, als ik "het enige dat nodig is"[55]aanraak.

Gisteren een retraite in Yonkers. Ik wilde niet gaan, begon de dag slechtgehumeurd. Maar onderweg hebben de regen en de dierbare vertrouwde lelijkheid van rijen simpele kleine huisjes bij het naderen van onze kerk mij op wonderbaarlijke wijze bekeerd. Ik voelde ineens hoe zondig mijn gebrek aan enthousiasme was, een echt verraad. Dit is mijn werk - of de timing nu slecht of goed is. En de retraite en de hele dag erna waren goed en vol licht.

---

52 Idem, p.34
53 Idem, p.35
54 Of Water and Spirit – A liturgical Study of Baptism (1974)
55 Vgl. Lc. 10,38-42. "Het enig noodzakelijke" wordt regelmatig door Vader Alexander geduid als het essentiële geloofsfocus.

Maandag 18 maart 1974 [56]

Een stralende, winderige lentedag. In New York City, op de Fifth Avenue zwaaien en wapperen enorme vlaggen in de wind. Er hangt feest in de lucht, de hemel, de mensen.

Gisteren ging ik voor in de Liturgie van Voorafgewijde Gaven in East Meadow, gevolgd door een lezing over Solzjenitsyn. De Kerk was vol. We reikten de Communie uit met twee kelken. Een heerlijk gevoel van in gemeenschap te zijn met de werkelijkheid van de Kerk. Vanmorgen gaf ik op het seminarie een lezing over bekering, een van de zeldzame lezingen waarover ik helemaal tevreden was. 's Middags, gedurende een paar uur schrijvend over de Doop[57] – eveneens met een echte vreugde. Tot slot, later op de avond een uur met de Kobloshs[58] and the Hubiaks – een wonderlijk gevoel van broederschap, samenzijn, vriendschap. Waarom schrijf ik dit alles op? Omdat het belangrijk is te weten, te realiseren, hoeveel God mij de hele tijd geeft en tegelijk te weten hoe zondig moedeloosheid, gemopper, vreugdeloosheid is.

De menigte in de kerk overziend, dacht ik: "Gij hebt deze dingen verborgen gehouden voor wijzen en verstandigen, maar Gij hebt ze geopenbaard aan kleinen..."(Mt.11,25). Complexiteit, snobisme, de goedkope sentimentaliteit van verfijnde parochies - transparante eenvoud van een klassieke Amerikaanse parochie.

Woensdag 27 maart 1974[59]

Op zondagavond en maandag vierden wij het feest van de Verkondiging[60] – een doorbraak van stralende eeuwigheid met de stem van de Aartsengel. Hoe moeilijk is het om het feest te bewaren, om te leven naar zijn licht! Als de viering

---

56 The Journals, p.36
57 Zie voetnoot 36
58 Koblosh, Vader Michael – priester van de OCA, op dat moment rector van de St.Nicholas Church, Whitestone, NY (The Journals, voetnoot p.36)
59 idem
60 Dit is het Feest van de Verkondiging aan de Moeder Gods.

voorbij is, lijkt alles de stilte, de vrede, het licht van het feest te willen smoren en duwt haar in de gebruikelijke drukte.

Donderdag 28 maart 1974 [61]

Om te dromen, om te genieten van mijmering - is het zondig of is het goed? Ik weet zeker dat het mijn favoriete manier is om de tijd door te brengen: half nadenkend, half contemplerend. Ik geef me er heel gemakkelijk aan over, en hoe moeilijk het is om het los te laten! Vanochtend vroeg - Vigilie van Maria van Egypte,[62] dan een Liturgie van Voorafgewijde Gaven gevierd door Bisschop Iakovos met mij en Vader John M[eyendorf].[63]

Vroeger was ik nogal kwetsbaar voor wat mensen over mij zeiden. Ik was verontrust door misverstanden, oneerlijkheid, vijandigheid, altijd onverdiend, dacht ik. Ik ben blij te beseffen dat ik steeds meer bevrijd ben van die gevoeligheid. Ik zie er geen heil in - het is een gewoonte waarvan ik denk dat de Heer Zelf mij onderricht.

De ene na de andere, stralende, koele dagen. Morgen zullen we horen: "Verheug u, want door u zal de vreugde schijnen. Verheug u o dageraad van een mysterieuze dag." Van kinds af aan is het een van mijn geliefde dagen geweest."[64]

61 The Journals, p.37

62 "De heilige Maria van Egypte. Van haar wordt een uitvoerige levensbeschrijving gegeven op de vooravond van de vijfde Zondag van de Grote Vasten, geschreven door de heilige Sofronius, bisschop van Jerusalem in de 7ᵉ eeuw." Bron: https://orthodoxeinformatiebron.wordpress.com (10-7-2022).

63 Vader John Meyendorff (+ 1992), benoemd tot professor in de kerkgeschiedenis aan het Vladimir's Seminary en deken van 1984 tot 1992. Hij was een vriend en collega van Vader Schmemann (The Journals, voetnoot, p.37).

64 In zijn boek 'Great Lent – Journey to Pascha' zegt Vader Alexander over de vierde en de vijfde Zondag van de Vasten: "Meer in de Vasten 'geïntegreerd' is de gedachtenis van de heilige Johannes Klimakos op de vierde Zondag en van de Vasten en van de heilige Maria van Egypte op de vijfde Zondag. In deze twee heiligen ziet de Kerk de hoogste vorm van christelijke ascese verwezenlijkt – in de heilige Johannes, die er de grondregels voor gaf in zijn geschriften en in de heilige Maria die de ascese in haar leven waar maakte. Het vieren van hun gedachtenis in de tweede helft van de Vasten is vanzelfsprekend bedoeld om de gelovigen in hun strijd bij de

Zaterdag 30 maart 1974 [65]

Gisteren een felle sneeuwstorm. Ik bracht de dag thuis door, warm en gezellig. 's Avonds - de Akathistos Hymne,[66] een golf van vreugdevolle liefde, van gulle lof. Ik zag op televisie de aankomst van Solzjenitsyns familie in Zürich. Hij droeg zijn jongens. Een visioen van iets, helder, eeuwig - van het leven dat wordt gecorrumpeerd en demonisch geruïneerd door de ophef en het kwaad van deze wereld. Maar, "tevergeefs haasten de stervelingen zich voort... het eenvoudige leven overheerst en leeft."

Vrijdag 5 april 1974 [67]

Een brief van Solzjenitsyn:

30-3-1974

Beste Vader Alexander,

Alstublieft, vergeef me dat ik niet eerder geschreven heb. Het is bepaald moeilijk om te leven tot men zich thuisvoelt. Ik bedoel niet zozeer serieus werk, of het beantwoorden van brieven, maar zelfs het uitpakken en uitzoeken van dingen gaat mijn macht te boven.

Nikita vertelde me dat u een reis naar Europa aan het plannen was. Waarom komt u niet een paar dagen? Er is zoveel om over te praten. Ik word geconfronteerd met een probleem dat ik niet echt kan begrijpen, namelijk het aantal Orthodoxe Kerken in het buitenland. Maar wat nog belangrijker is, ik wil bij u komen biechten en de Communie ontvangen. En zo ook mijn hele familie. Is het mogelijk?

---

moeilijke opgave die de vasten is, te inspireren en te bemoedigen." (Zie noot 5: A.Schmemann, De Grote Vasten, p.104)
65 The Journals, p.37
66 Zie noot 26
67 The Journals, p. 38-40

Ik ben zo blij met de eenvoud, bescheidenheid, directheid van deze brief.

Op woensdagmorgen vloog ik naar Montreal, op een heldere lentedag. Ik had geen haast, dus nam ik een bus naar de stad vanaf het vliegveld. Mijn favoriete gevoel: eenzaamheid en vrijheid op een zonnige dag in een vreemde stad. De stad en haar mensen leven hun dagelijks leven - wat voor mij een feest is. Een lezing aan de McGill Universiteit. 's Avonds een prachtige Liturgie van Voorafgewijde Gaven met een koor o.l.v. Liz Vinogradov.

Ik werd tot tranen toe bewogen door de hele groep jongeren. Ondanks stugge tegenstand van de oudere generatie, wisten zij een gevoelige snaar te raken, zij ontdekten het en brachten er opnieuw vuur in.

In Montreal, onze kleindochter, de kleine Vera Thachuk. Het paradijs staat open voor kinderen; het straalt van hen.

Vandaag – de laatste Metten van de Vasten. Lazarus-zaterdag komt langzaam dichterbij en met haar de 'hoge plaats' waarnaar wij opstijgen.

Lazaruszaterdag 6 april 1974 [68]

"Door Lazarus voor Uw lijden uit de dood op te wekken, hebt Gij de Universele Opstanding bevestigd..." daadwerkelijk verkondigen, daadwerkelijk de dood verslinden met overwinning. Het feest is het hoogtepunt van de Orthodoxie, intiem authentiek, zijn diepste ervaring. Kinderprocessie met palmtakken.

Heilige Maandag 8 april 1974 [69]

Mooie viering van Palmzondag. Feestelijke diensten, veel mensen in de kerk. Gisteren heb ik de hele dag thuis doorgebracht met mijn kleinkinderen – Anya's en Serge's. 's Avonds

---

68 Idem, p.38
69 Idem, p.39

Bruidegomsdienst. Alle tuinen in Crestwood staan vol met bloeiende forsythia's.

Chekhov's Brief – "Je zult altijd genoeg mensen vinden die straffen ... probeer barmhartigen te vinden."

Stralende Dinsdag 16 april 1974[70]

Goede Week en Pasen – gevuld met haar gebruikelijke spanning, groei en volheid. Ik ben altijd bezorgd dat alles goed zal gaan, en God zij dank, altijd hetzelfde geschenk uit de hemel! Opnieuw hetzelfde gevoel: hoe gemakkelijk is het om al die schoonheid, volheid, diepte te transformeren in een doel op zichzelf, in een afgod! Zodra men het allemaal op het leven probeert toe te passen, realiseert men zich met schrik en beven dat het in het leven een kruis is. De Heilige Week en Pascha openen voor ons een visioen van leven en overwinning dat werkelijk het hart doorboort als een zwaard.

Twee drukke dagen thuis, kinderen en kleinkinderen.

Gisteren, in de New York Times, Sacharov's antwoord op Solzjenytsyn's "Letter to the leaders in Russia."[71] Ik voel over-

70 Idem, p.39
71 Alexander Solzhenitsyn, Letter to Soviet Leaders – translated by Hilary Sternberg / Index on Censorship / London, 1974. Eerste publicatie in Rusland als Pismo Vozhdyam Sovetskogo Soyuza, YMCA Press, Paris, 1974. Uitgever Michael Scambell zegt in de inleiding: "Op 5 september 1973 schreef Alexander Solzjenitsyn een brief aan de leiders van de Sovjet Unie. Het was geen 'open brief' in de gebruikelijke zin van het woord, aangezien het niet was verspreid onder de vrienden van de schrijver, noch beschikbaar was gesteld aan de pers, en haar bestaan was op dat moment strikt geheim gehouden. In plaats daarvan werd het naar leidende figuren in de Sovjetregering gestuurd in de hoop hen een enige vorm van respons te ontlokken. Gedurende drie maanden kwam er geen antwoord en de auteur ontving geen bericht dat zijn brief was ontvangen dan wel door hen gelezen. Toen, helemaal eind van 1973, vond in Parijs de publicatie van 'De Goelag Archipel' plaats, Solzjenitsyns indrukwekkende ontmaskering van het Sovjet-strafrecht- en werkkampsysteem in de afgelopen vijftig jaar, en de daaropvolgende dramatische confrontatie die in februari 1974 leidde tot de gedwongen deportatie van de auteur naar het Westen. Nu in het licht van deze nieuwe situ-

al een groeiende irritatie met Solzjenitsyn en rationeel weet ik niet hoe ik hierop moet reageren. Ik kan alle bezwaren van Sacharov begrijpen - gematigd, redelijk, gegrond - het voortdurende conflict tussen de profeet en de Leviet. De profeet is altijd weerloos omdat tegen hem een arsenaal aan kant-en-klare, beproefde ideeën staat. Een profetie past niet in kant-en-klare kaders en vernietigt ze. Daarom moet profetie worden geïnterpreteerd.

Stralende Woensdag 17 april 1974 [72]

Ik kan me niet herinneren ooit zo'n felle zon te hebben gezien, zo'n heldere hemel als in deze laatste dagen. Elke ochtend vierden we een Paasliturgie met processie. Als men iedereen

---

atie heeft Solzjenitsyn besloten om een enigszins aangepaste versie van zijn brief openbaar te maken." Het voert enigszins te ver om hier ook het antwoord van Andrei Sacharov, atoomfysicus en de andere in het Westen bekende Sovjetcriticus toe te lichten. Uit de dagboeknotitie van Vader Alexander blijkt in ieder geval hoezeer hij de ontwikkelingen in zijn vaderland op de voet volgde. Persoonlijk liet hij overigens in wekelijkse overdenkingen van zich horen in de uitzendingen van Radio Liberty ter bemoediging van de mensen achter het IJzeren Gordijn. Ook Solzjenitsyn luisterde naar deze uitzendingen en was dus goed bekend met het gedachtengoed van Vader Alexander. Na zijn verbanning uit Rusland in 1974 wilde Solzjenitsyn Vader Alexander dan ook zo snel mogelijk ontmoeten. Vader Schmemanns radiopresentaties voor Radio Liberty zijn vanwege hun onverminderde actualiteit nog steeds in boekvorm beschikbaar bij de Amerikaanse uitgever: Alexander Schmemann, A Voice for our time – Radio Liberty Talks – 2 volumes/ Uitg.SVS Press.
Solzjenitsyn kreeg in 1970 de Nobelprijs voor de Literatuur en Sacharov ontving in 1975 de Nobelprijs voor de Vrede.
Als Vader Alexander hierboven in zijn notitie van16 april zegt "De Heilige Week en Pascha openen voor ons een visioen van leven en overwinning dat werkelijk het hart doorboort als een zwaard" dan heeft hij het ongetwijfeld niet alleen over het kerkelijke hoogtepunt, dat die week gevierd zal worden, in gedachten denkt hij zeer zeker met heel zijn bewogen hart aan de mensen die te lijden hebben van een systeem, dat maar geen vrijheid garandeert.
72 The Journals, p.39

eens de zegevierende macht kon laten zien die zo genereus uit deze paasdiensten voortvloeit.

Donderdag 23 april 1974[73]

Plotseling overlijden van Serge B[outeneff][74] afgelopen donderdag. Ik bracht hem woensdagavond Communie in het ziekenhuis, toen overleed hij. We hebben hem begraven op Stralende Zaterdag; het was een mooie, vreugdevolle, zegevierende Paasbegrafenisdienst. Hoe vreemd dat de Kerk - behalve tijdens die speciale week - heeft verloren wat altijd de christelijke begrafenis zou moeten zijn. Mensen geven de voorkeur aan de morbide tonaliteit, het sombere genot van een hedendaagse begrafenis. De jonge Peter B[outeneff] tegen zijn moeder: "Ik zie nu het verband tussen Pasen en de dood." Die verbinding is het christendom, maar men heeft niet meer begrepen dat de dood door de overwinning is vertrapt.

Maandag 29 april 1974[75]

Vanochtend ben ik met L. naar New York gegaan. Het was te vroeg om al naar Radio Liberty voor mijn wekelijkse voordracht te gaan en vandaar dat we halt hielden bij St.Patrick's Cathedral.[76] De Mis liep net ten einde met zo'n veertig communicanten. Er waren veel mensen aan het bidden in stilte knielend op die doordeweekse morgen, midden in het rumoer van Fifth Avenue. Toen ik bij hen was, voelde ik 'vrede en vreugde in de Heilige Geest' (Rom. 14,17).

Het lijkt hier zomer. Ons Crestwood verdrinkt in bloeiende bomen - magnolia's, kornoelje, kersenbomen, bloemen. Gisteren heb ik de dag thuis doorgebracht om mijn kantoor op orde te brengen. Ik kon niet blijven werken in zo'n chaos. Een <u>rustige wandeling</u> met L.

73 Idem

74 Hier, 24 april 1974, is waarschijnlijk door Juliana Schmemann de verkeerde naam verondersteld, want in The Journals op p.78 dd 19 mei 1975 noteert Vader Alexander dat de zaterdag daarvoor Serge Bouteneff diaken is gewijd.

75 The Journals, p.40

76 St.Patrick's Cathedral is de rooms-katholieke kathedraal, gelegen aan de Fifth Avenue (bouwjaren: 1858 en 1878)

Zondag 17 november 1974[77]

Na de Liturgie, genietend van de zondagse rust thuis (zon, kale bomen), luisterden we naar de Matthäus Passion van Bach. Ernaar luisterend, herinnerde ik me mijn eerste 'ontmoeting' met deze prachtige muziek in ons kleine huis in l'Etang la Ville in Frankrijk. Het was letterlijk indringend en boeide mij toen. Sindsdien kom ik elke keer als ik ernaar luister – vooral passages als de kreet van de dochter van Zion en het slotkoor – tot dezelfde conclusie: Hoe is het mogelijk om in een wereld waar zulke muziek werd geboren en gehoord, niet in God te geloven?

Maandag 18 november 1974[78]

We hebben gegeten in K[ishhovsky]'s huis te Sea Cliff. Zij maakten indruk op mij met hun licht, hun eenvoud, oprechte goedheid. We bespraken niets belangwekkends, maar ik voelde dat ik in contact was met licht.

Verkiezingen in Griekenland. Oorlog in het Midden-Oosten. Het is absoluut onmogelijk iets op te lossen met de fixatie van de wereld op 'rechten'. Wat noodzakelijk is is een spirituele revolutie, waar geen enkele hoop voor is gezien de huidige mentaliteit van de mensen. Het enige wat mensen weten is zelfbevestiging en veroordeling van andermans wandaden. We leven in een soort schizofrenie: aan de ene kant wordt de christelijke moraal slechts gezien als een individuele moraal, maar in relatie tot hun volk en hun kerk zijn christenen de eersten die leven met trots, zelfbevestiging en de behoefte om uit te breiden. Waar kan bekering vandaan komen, of zelfbeperking? 'Ik' zou kunnen toegeven, maar 'wij' zullen nooit toegeven omdat 'wij' gelijk hebben - altijd gelijk; geen minuut kunnen leven zonder ons 'recht'. Of mensen slaan zich op de borst zoals de liberalen die grof en oppervlakkig berouw tonen van hun mishandeling van minderheden, enz. Het christendom bestaat erin gelijk te hebben en toe te geven, en daarmee de overwinning te laten zegevieren: Christus aan het Kruis en "waarlijk, dit is de Zoon van God".

77 The Journals, p.55
78 Idem, p.55

Aan de vooravond van de vasten voor Kerstmis proberen we aan de studenten te verkondigen waarom de komst van God in de wereld als een klein kind niet alleen een kenosis is - een zelfontlediging van goddelijkheid - maar de meest adequate openbaring van God. In dat Kind is er geen behoefte aan kracht, heerlijkheid, 'rechten', zelfbevestiging, gezag of macht.

Ik heb zojuist herlezen wat ik heb geschreven en ben gestopt bij de woorden: Etang la Ville, waar we gewoond hebben van 1945 tot 1951. Van daaruit ben ik mijn weg gegaan om gewijd te worden Van daaruit ging ik naar de wijding en vervolgens naar een parochie. Van daaruit ging ik naar mijn eerste college als docent aan het St Sergius Instituut. L. ging van daaruit bevallen van Serge en Masha. We waren buitengewoon arm - zozeer zelfs dat we, nadat we de kinderen hadden gevoed, vaak het avondeten oversloegen.

Maar wat een ongelooflijk gelukkige jaren hebben we er doorgebracht. We woonden bij een prachtig bos, in een tochtige blokhut. We gingen vaak in het bos wandelen. Ik herinner mij veel van deze wandelingen, de eikenbomen, berken, narcissen, lelietjes-van-dalen - op de een of andere manier blijft het allemaal in het geheugen, gekoppeld aan de woorden: "Christus, een nieuw en heilig Pascha!"

HOOFDSTUK 3: 1975

Maandag 3 maart 1975 [79]

Het is de zondag van de Verloren Zoon. Ik ging voor en preekte. Prachtig gemengd koor. Tsjaikovski's 'Heilige God', dat me doet denken aan mijn vader, die het thuis graag op de piano speelde.

's Avonds diner bij de Drillocks met de Ericksons. Een gevoel van nabijheid, familie, volledig vertrouwen, vriendschap. Hoeveel van zulke geschenken kan iemand op één dag ontvangen?

Gisteren kreeg ik van een wildvreemde, een oudere vrouw, een antiek Russisch borstkruis cadeau. "Waarom voor mij? Hoe kent u mij?" "Oh, ik ken u goed. Ik volg u al heel lang. Ik luister naar u..."

Het is een heel bijzondere winter: heel februari door - een felle zon, een heldere hemel. Nu is het maart, en overal tekenen van de lente.

Woensdag 5 maart 1975 [80]

Hoezeer ik me ook verzet tegen de toon van zijn schrijven, zijn ophemelen, overdrijvingen, erken ik dat Leon Bloy de 'pelgrim van het Absolute' is.

Dag na dag een stralende zonneschijn, een triomfantelijk blauwe lucht. In de vrede en de rust van mijn huis, ben ik 'met angst en ontzag' mijn "Hiërarchie van Waarden" aan het schrijven. De ochtend-Evangeliën van deze dagen van de Voorvasten vertellen over het lijden van Christus. Weer dezelfde cyclus, weer komt alles tot dit einde, zonder welk er geen begin mogelijk is.

---

79 Idem, p.66
80 Idem, p.67

Maandag 18 maart 1975 [81]

Stralende lentedagen! Gisteren, na het avondeten, hebben wij op de kinderen van Serge en Mania gepast. Mania is in Washington om voor haar moeder te zorgen, die een zware beroerte heeft gekregen. We namen de kinderen mee naar de St.Patrick's Day Parade.

'S Avonds lazen we de Canon van St.Andreas van Kreta in een volle kerk. Ik ontving een aardige brief van een totaal onbekende vrouw: "... uw heldere beschrijvingen van wat was, zou moeten zijn en is, zijn zeer nuttig voor mijn eigen begrip van Orthodoxie. Zonder schrijvers en sprekers als u en Vader Hopko bijvoorbeeld, had ik misschien allang het schip van wat een zielloze dinosaurus leek te zijn verlaten..."

Donderdag 20 maart 1975 [82]

Gisteren celebreerden wij de eerste Liturgie van Voorafgewijde Gaven van de Vasten, voorafgegaan door twee uur biechthoren. Dit alles brengt mij in een waarlijk gezegende staat en al het andere begint kleinzielig, nutteloos te lijken.

Ik probeerde een artikel te schrijven ter ere van het jubileum van professor Weidle. Ik dacht aan de zeer betekenisvolle rol die hij in mijn leven speelde. In 1935 brachten we samen een zomer door in Engeland. Hij raadde mij aan Le Grand Meaulnes (van Alain-Fournier) te lezen en gaf me zijn artikel te lezen dat ik nog steeds bewaar wegens zijn geschreven wens ("aan Sasha met hoop op glorie en goedheid"- ik was vijftien en hij was een erkend literair- en kunstcriticus). Hij was mijn docent geschiedenis van de filosofie bij het Russische Lyceum

---

81 Idem, p.69

In de eerste vier dagen van de Grote Vasten leest men in de Liturgie de grote boetecanon van Andreas van Kreta en wel steeds een gedeelte. De hele canon wordt vervolgens in de zevende week gelezen. De canon leert mensen berouw, de eigen zonden aanvaarden. Tevens roept deze canon op om te spiegelen aan oprechte en onzelfzuchtige mensen.

82 The Journals, p. 69

en vervolgens bij het St.Sergius Instituut. Daarna woonde ik zijn cursussen over Russische poëzie en Italiaanse kunst bij. Om de twee weken at ik bij hem thuis. Voor dit alles voel ik een warme golf van dankbaarheid, die ik probeer uit te drukken in mijn artikel ter ere van hem.

Vrijdag 25 april 1975 [83]

En tot slot zijn we aan het eind gekomen van de zesde week van de Vasten: "Na veertig dagen vasten te hebben volbracht..." sta op met het oog op de Heilige Week door het pre-Paschale licht van Lazarus-zaterdag en Palmzondag. Dit jaar is de lente laat, zodat op het seminarie alles in bloei staat: forsythia's, paarse azalea's, transparant groen. Vanaf mijn vroege jeugd zijn dat mijn meest favoriete dagen van het jaar. En op de achtergrond, de nachtmerrie, het bloedige einde van Indochina en Cambodja, arrestaties in Rusland, verkiezingen in Portugal met instemming van liberalen van allerlei aard omtrent de woedende leugens en het kwaad (Mitterrand84: "Voor ons is de Sovjet-Unie een instrument van vrede"!?)

Heilige Maandag 28 april 1975 [85]

Lazarus-zaterdag en Palmzondag – twee dagen van onvoorwaardelijke vreugde. Verbazingwekkende zonnige dagen, mooie diensten, de kerk liep over van de mensen. Op zaterdag, na de Liturgie, gingen L. en ik naar Roslyn Cemetery om het graf van haar ouders een opknapbeurt te geven. Gisteren zijn we tussen de diensten door naar Wappingers Falls gegaan om onze kleinkinderen te bezoeken. Alle bomen hebben transparante, nauwelijks groene bladeren. 's Avonds - "Uw Bruidsvertrek..."

's Avonds laat had ik op de een of andere manier een zorgelijk gevoel dat ik vaak heb: alles wat indruk op mij maakt wat betreft de Orthodoxie, alles wat mij vreugde geeft, mij inspireert, vooral tijdens deze twee zeer geliefde dagen van

---

83 Idem, p. 74
84 Francois Mitterand werd in 1981 en in 1988 tot president van Frankrijk gekozen.
85 The Journals, p.74

Lazarus en de Palmen, is niet wat mensen zoeken en zien in de Orthodoxie. De Apostellezing van gisteren: "Verheug u, en nogmaals zeg ik verheug u...!" en verder: "Wat waar is, wat ook is eerlijk..." Alles spreekt van het Koninkrijk van God en van vreugdevolle vrijheid die schittert in de wereld door het Koninkrijk. Vrijheid, om te beginnen, van religie, van het deprimerende religieuze 'zwermen'. Daar had ik gisteren een droom over: ik probeerde iemand te overtuigen van iets essentieels, dat mij simpel leek.

Pijnlijke belijdenissen, pijnlijke omvorming tot zichzelf van religieuze mensen, pijnlijke begeerte naar het 'heilige'. Ik blijf denken dat als mensen zouden inzien wat toen in Jeruzalem tot stand werd gebracht - in de diepte, voor alle eeuwigheid en in eeuwen der eeuwen - zij bevrijd zouden worden van dit 'ik' dat zo pijnlijk kiemt te midden van religiositeit.

Heilige Donderdag 1 mei 1975 [86]

Gisterochtend, een telefoontje van Solzjenitsyn. Zoals gewoonlijk, bij het horen van zijn stem, raak ik verzoend met hem; alle twijfels, meningsverschillen, verbijsteringen verdwijnen. Hij is zo volledig in wat hij zegt en doet. Ik ga hem ontmoeten in Canada met Pascha en dan rijden we naar Labelle.

Gisteravond, mijn meest geliefde Mettendienst: "Kom, o getrouwen, laten wij genieten van de gastvrijheid van de Meester: het feestmaal van onsterfelijkheid, in de bovenkamer met opgeheven geest..."

Steeds weer weet ik dat alles in deze wereld bestaat en hier een relatie mee heeft - "en Ik bestem u voor een Koninkrijk".

Heilige Vrijdag 2 mei 1975 [87]

Heilige Donderdag – met zijn dubbele manifestatie van de 'rode' Eucharistie – 's morgens en de Twaalf Evangeliën 's nachts. Keer op keer, elk jaar, komt de incarnatie van die-

---

86 Idem, p.74
87 Idem, p.75

zelfde dag. Totaal en wezenlijk buitentijds. De grote en diepe waarheid van de traditie maakt het voor ons mogelijk weer deel te nemen aan de onveranderlijke glorie van de dag, en er wordt niets van ons verwacht, behalve om er nederig, dankbaar en vreugdevol deel van uit te maken.

De wet van de Kerk is jezelf te geven aan wat gegeven is, niet om het eigene te zoeken. Alles is al volbracht, alles is vervuld, alles is gegeven. Het belangrijkste mandaat van de Kerk in de wereld is het te openbaren en het ons te geven.

Het is een gevaar om de Kerk op de een of andere manier los van Christus lief te hebben. Er is meer van dat soort liefde dan men zou denken. Maar de Kerk is Christus, Zijn leven, Zijn gave.

In de Kerk iets anders zoeken dan Christus (en het betekent zichzelf en het eigene zoeken) leidt onvermijdelijk tot verleiding, tot vervorming en uiteindelijk tot zelfvernietiging.

Stralende Dinsdag 6 mei 1975 [88]

Ik ben in Ompha-Plevna, Ontario, in een klein hotel, in een Canadese wildernis met Solzjenitsyn. Het is zo onwerkelijk, zo als een droom dat ik niet weet wat ik moet zeggen. De harde feiten - ik vloog naar Montreal op Pascha-avond na prachtige Paasdiensten van Heilige Zaterdag en Zondag.

Op maandag reden we om 07.00 uur naar Labelle, zo'n honderd mijl ten noorden van Montreal. Regen, mist, hoe vreemd om met S. die weg over deze heuvels te rijden, door deze stadjes. S. is in opperbeste stemming, heel vriendelijk. We brachten een lange dag door in Labelle, wandelend, het meer was nog bevroren. S. houdt van Labelle! Na het diner een heldere zonsondergang. Serge, mijn zoon, vergezelt ons deze dag. Verslaggevers hebben op de een of andere manier ontdekt waar S. was en hij was witheet. Daarna reden we naar Ottawa via landwegen waar S. van genoot. We spraken over van alles en nog wat. Lunch is in Ottawa. Dan op naar het bosgebied en

---

88 Idem, p.75

aankomst in Ompha in the middle of nowhere. Trent Motel.
Diner. Dieprode zonsondergang.

Stralende Woensdag 7 mei 1975 [89]

We stonden om 6.00 uur op - een glorieuze ochtend, het ver-
kennen van het achterland langs meren en bossen. S. had kritiek op het bos: de bomen zijn te dun! Zijn aanpak is praktisch
en concreet - alles moet worden benut. Zijn stemming vari-
eert zoals van een kind. - "Waar zal ik wonen?" S. denkt dat
wij voor hem aan het eind van de rit een plek gaan vinden om
te wonen - hoe, waar, wanneer - vrij irrelevant en onrealis-
tisch. Onderweg komt hij een paar mensen tegen: "We moeten even controleren: zijn het spionnen?" Hoezo spionnen?
Wat zou er te spioneren zijn?" Zijn grootste angst: geen tijd
verspillen: ik moet werken, geen tijd voor vrije tijd, Rusland
bevrijden.

Ik voel mij als in een droom, helemaal buiten de werkelijkheid, buiten mijn eigen gebruikelijke orde en harmonie, maar
dan wel gefascineerd. Ik heb een plotseling moment van totaal geluk, gelukzaligheid, levensvreugde. Te midden van een
onpersoonlijke menigte, in een vreemde motelkamer, voel ik
me intens levend - in deze elementaire onderdompeling in
Solzjenitsyns wervelwind en tegelijkertijd tijd in de goddelijke gelukzaligheid van eeuwig leven.

Maandag 12 mei 1975 [90]

Dus, nogmaals, na de 'berg-ontmoeting' van vorig jaar in
Zürich, vier dagen met Solzjenitsyn, gewoon met z'n tweeën
weg van mensen. Deze reis zou je een 'meren-ontmoeting'
kunnen noemen - we passeerden zoveel meren!

Beetje bij beetje worden mijn gedachten en indrukken op
orde gebracht en vraag ik me af: Als ik een formule zou moe-

---

89 Idem, p. 76
90 Idem, p.76. Het verslag van deze maandag 12 mei 1975 is toch toegevoegd, ondanks dat het niets zegt over de Vasten of de Heilige Week, omdat
Vader Alexander hier inhoudelijk zijn gedachten formuleert over Solzjenitsyn. Een toevoeging voor de volledigheid dus.

ten vinden, wat zou die dan zijn? Ik denk dat ik tijdens deze gezamenlijk doorgebrachte dagen, heel sterk en acuut ons fundamentele verschil voelde - verschil tussen de 'schatten' die ons hart beheersen. ("Waar uw schat is, daar is ook uw hart.") Zijn schat is Rusland en alleen Rusland; de mijne is de Kerk. Hij is toegewijd aan zijn schat op een wijze waarop geen enkel van ons is toegewijd aan de onze. Zijn geloof, denk ik, zal bergen verzetten,[91] terwijl de onze - de mijne in ieder geval - dat niet zal doen.

Welk beeld blijft er over van deze vier dagen waarin we elk uur samen doorbrachten? Een geweldige man! In de obsessie met zijn roeping, zijn missie, in de totale identificatie ermee - zonder twijfel een groot man. Waarlijk, uit hem stroomt kracht!

Wanneer men zich herinnert wat en hoeveel hij heeft geschreven, en in welke omstandigheden, wordt men keer op keer getroffen. Maar (daar begint de 'maar') wat mij opviel tijdens deze dagen waren:

> 1.Een bepaald primitief elementair bewustzijn, of het nu gaat om mensen, gebeurtenissen, natuurbeeld, enzovoort. In wezen voelt hij geen enkele nuances m.b.t. complexiteit.

> 2. Een merkwaardig gebrek aan begrip over mensen, misschien een onwil om aan hen te denken, om hen te leren kennen. Hij deelt ze in in kant-en-klare categorieën; is nogal utilitair in zijn mening over hen.

> 3. Geen zachtheid, medelijden, geduld. Integendeel, onmiddellijk wantrouwen, achterdocht, interpretatie in malem partem, in slechte zin.

> 4. Ongelooflijke zelfverzekerdheid; onfeilbaarheid.

> 5. Ongelooflijk terughoudend.

---

91 Vgl. Mc.11,23

Ik zou kunnen doorgaan, maar dat doe ik niet. Ik ben er vrij zeker van dat geen van deze gebreken, waar ik zo gevoelig voor ben, op enigerlei wijze zijn grootheid, zijn literaire genie tegenspreekt. Ik ben er zeker van dat de kwaliteiten van een kunstenaar (zelfs puur menselijk) in zijn creativiteit kunnen zitten, dat een schrijver in zijn leven niet noodzakelijkerwijs overeenkomt met de schrijver in zijn creativiteit (zie Dostojevski e.a.). Integendeel, een van de drijfveren, een van de oorzaken van creativiteit is juist de intense tegenstelling tussen het leven en wat de schrijver creëert. Wat mij zorgen baart, verstoort en beangstigt, is niet de moeilijkheid van zijn leven, niet zijn persoonlijkheid, maar het ultieme plan waaraan hij totaal, volledig toegewijd is en dat hij zonder restrictie dient.

Al die dagen die ik met hem doorbracht, had ik het gevoel dat ik de oudere broer was die te maken had met een kind, wispelturig en zelfs verwend, die het niet zal 'begrijpen', dus beter voor mij om toe te geven ("je bent ouder, geef toe!") omwille van vrede, overeenstemming en in de hoop dat "hij zou opgroeien en begrijpen." Ik ben een student uit een hogere klas die te maken heeft met een jongere tegenover wie men zich eenvoudiger moet opstellen, met wie men "op zijn niveau" moet spreken.

Woensdag 14 mei 1975 [92]

Gisteren ben ik de hele dag bezig geweest met de uiterlijke kleinigheden en verwarringen van het kerkelijk leven, al zijn moeilijkheden, ruzies. Ik schrijf het zonder enig gevoel van neerslachtigheid omdat het mij lang geleden al duidelijk werd dat de menselijkheid van de Kerk minder een verleiding is dan een pan-spiritualiteit, dan alle pogingen om de Kerk te ontmenselijken. De Kerk is in de geschiedenis behouden gebleven, juist door het eindeloze wrijven van mensen tegen elkaar, als kiezels aan de kust, door nederigheid in het accepteren van weekdagen, werkdagen en druk werk. Een oprechte zorg voor de Kerk bestaat erin nooit in verleiding te worden gebracht omwille van de Kerk. "Gezegend is hij die niet in verzoeking (aanstoot geven) zal worden gebracht om Mijnentwil."

<hr>

92 The Journals, p.77

Vanmorgen tijdens de Metten had ik een 'schok van geluk', van volheid van leven, en tegelijkertijd de gedachte: ik zal moeten sterven! Maar in zo'n vluchtige ademtocht van geluk 'verzamelt' de tijd zich meestal. In een oogwenk worden niet alleen al zulke ademtochten van geluk herinnerd, maar zijn ze ook aanwezig en levend - die Heilige Zaterdag in Parijs als jonge man - en veel van dergelijke 'onderbrekingen'. Het lijkt mij dat de eeuwigheid misschien niet het stoppen van de tijd is, maar het juist haar opstanding en samenkomen is. De versnippering van de tijd, de verdeling ervan, is de val van de eeuwigheid. Wellicht dat de woorden van Christus over de tijd gaan toen Hij zei, dat Hij: "... niets verloren laat gaan, maar het doe opstaan op de laatste dag." [93]

De dorst naar eenzaamheid, vrede, vrijheid, is dorst naar bevrijding van de tijd, van logge dode lichamen, van drukte; dorst naar de transformatie van de tijd in wat het zou moeten zijn – het reservoir, de kelk van de eeuwigheid. Liturgie is de bekering van de tijd, haar vulling met eeuwigheid. Er zijn twee onverenigbare soorten spiritualiteit: een die ernaar streeft de mens van de tijd te bevrijden (boeddhisme, hindoeïsme, Nirvana, enz.); de ander die ernaar streeft de tijd vrij te maken. In de ware eeuwigheid leeft alles. De grens en de volheid: de hele tijd, het hele leven in elk moment. Maar er is ook het eeuwige probleem: Wat te zeggen van de kwade momenten? Kwade tijd? De verschrikkelijke angst voor het sterven van de drenkeling, voor de man die bezig is van de tiende verdieping op straat te pletter te vallen. Wat te zeggen van de tranen van een misbruikt kind?

---

93 Joh.6,39: "....en dit is de wil van Hem die Mij gezonden heeft, dat Ik niets van wat Hij Mij gegeven heeft, verloren laat gaan, maar het doe opstaan op de laatste dag" (Willibrordvertaling 1978).

Hoofdstuk 4: 1976

Woensdag 3 maart 1976 [94]

De vooravond van mijn vertrek. Zoals gewoonlijk begint de volgorde, het ritme van de afgelopen week op te breken, om het eind en de weemoed tot uiting te laten komen, die met elk einde gepaard gaat. Ontmoeting, afscheiding. Begin, einde.

In deze wereld kan niets ooit uiteindelijk, definitief zijn; er schuilt in alles een belofte die nooit helemaal wordt vervuld. De twintig studenten die de afgelopen week zoveel van mijn colleges hebben gevolgd, zijn nagenoeg niet meer anoniem. Wij hebben nog maar net echt kennisgemaakt, wij zijn ons nog maar net bewust geworden van elkaars uniekheid en dan is daar het afscheid. Vandaar het gezegde: "liefde is sterk als de dood" (Hooglied 8,6). [95]

Deze gedachten kwamen in mij op toen ik terugkeerde naar het hotel. Een witte winderige dag. Ik ben best moe, ik tel de uren tot mijn vertrek naar het vliegveld, maar ik voel dat verdriet van de scheiding, dezelfde ervaring van de onherstelbare versnippering van het leven.

Westerse Aswoensdag [96] – Een korte viering in de seminarie-kapel. Alles in die viering is goed: het zingen, de verkondiging (over het gebed als 'Abba,' 'Amen' en 'Alleluia'). Ik voel ten diepste de woorden van de gebeden en de hymnes. Ik heb altijd van de westerse hymnes gehouden sinds mijn reis naar Engeland in 1937. Maar dan de vraag: Waarom is het christendom zo zwak, zo machteloos; waarom gaat het leven door alsof er geen christendom is?

---

94 The Journals, p.111

95 Hier staat in de oorspronkelijke tekst een type- of drukfout: vers 8,16 wordt genoemd, maar dat moet zijn Hooglied 8,6.

96 Aswoensdag is het begin van de Vastentijd voorafgaand aan Pasen in westerse kerken.

Gisteravond, diner bij de N's. De gelukkige realiteit van een gezin, zijn schoonheid, zijn goedheid. We hebben geen belangrijke of serieuze discussies gevoerd. De kinderen speelden piano. Iedereen voelde zich 'goed,' heel oprecht. Het gezin heeft geen doel, is niet pragmatisch. Het gezin is een bron, het is leven en uit het leven komen er doelen. Ik kwam na die avond thuis op de een of andere manier badend in die vreugde, die 'goedheid'.

Maandag 8 maart 1976 [97]

De Grote Vasten! Zoals gewoonlijk, tijdens deze dagen, diep teruggaand in mijn kindertijd, herinner ik mij een lange reeks van Vergevingszondagen.

Ik lees het derde deel van Solzjenitsyns Goelag Archipel en Winterzon van Vladimir Weidle. Opnieuw duik ik in de nachtmerrieachtige wereld van de Goelag; de kracht, het bereik, het diepe water van S.'s talent. Elke pagina is opzienbarend. De taal is precies, buigzaam, rijk en melodieus, terwijl uit Weidle's boek letterlijk licht vloeit. Het boek gaat over licht, over het verzamelen van het leven en zijn herinnering in licht. Ik heb die muziek nodig en ik houd ervan - zoals van lucht en eten.

Dinsdag 9 maart 1976[98]

Gisteren heb ik de hele dag in de kerk doorgebracht - vijf diensten - diep in de Vastentijd. Ik luisterde naar en hoorde de Psalmen op een nieuwe manier: de treffende botsing van menselijke wanhoop en geloof. Zij tonen het conventionele, bedrieglijke karakter van de hele evolutie van de mens. Daar is hij aan de oppervlakte. Wat fundamenteel is, is eeuwig; vandaar, echt eigentijds. Byzantinisme is, althans gedeeltelijk, achterhaald. Ik voel het altijd als ik de Canon van de heilige Andreas van Kreta lees, maar nooit bij het lezen van de Psalmen.

---

97 The Journals, p.112
98 Idem, p.112

We spraken gisteren met L. en Tom over homoseksualiteit. Tom vertelde ons over zijn gesprek met N. die homoseksualiteit verdedigde en zijn vrouw aan het verlaten is. Waarom zijn alle argumenten die homoseksualiteit veroordelen consequent zwak, even zwak als de (voor mij) klaarblijkelijke onmogelijkheid om vrouwen te wijden? Is het niet omdat alles wat evident is in religie niet kan worden bewezen, omdat het bewijs geworteld is in "wetende kennis", in gemeenschap met de "gedachten van Christus"[99]? En bewijzen, om bewijzen te zijn, moeten werken in een onwetende kennis, in de logica van deze wereld. Volgens de logica is deze wereld altijd sterker, omdat deze wereld logica heeft gevormd om zichzelf te rechtvaardigen. Christus vertelt ons over de zonde. Zonder Christus is zonde slechts een probleem, dat deze wereld aan het oplossen is, en de oplossing is altijd liberaal, positief, tolerant, liefdevol... De gruwel van het hedendaagse christendom bestaat uit het aanvaarden van deze logica en het meten van het geloof aan de hand van haar wetten. Zo wordt het licht in ons duisternis! (Mt.6,23).

Vrijdag 12 maart 1976 [100]

Gisteren werd voor het laatst de Canon van de heilige Andreas van Kreta gelezen, het laatste indrukwekkende liturgische samentrekken van de eerste dagen van de Vasten. En Vasten werd licht, hetgeen haar belangrijkste wezen en doel is. Vanmorgen - een lichte Mettendienst, op de een of andere manier ingetogen, geheel verlicht en met de weerklank van de "klare droefheid" van de Vastentijd.

Opnieuw zonneschijn. Hoewel het koud is, is alles gevuld met de belofte van de lente. Ik was in de stad en liep om vijf uur twintig blokken. De gebruikelijke drukte van de stad - iedereen haast zich naar huis! - en van het leven, het levende leven, en alles lichtte op door de heldere stralen van deze avondzon.

---

99 1 Kor.2,16
100 The Journals, p.113

Maandag 15 maart 1976 [101]

Een lange zondag! Vanochtend diende ik in een oude Russische parochie in New York, vervolgens een feestmaal en een lezing. Het is het laatste stukje, of beter gezegd snipper van de eerste Russische emigratie. Men kan als overheersend element zien: volledig uit de tijd en onbeweeglijk. Werkelijk verbazingwekkend. Ik ben de gewoonte van de Russische manier van dienen in de Liturgie verloren, die ik in mijn jeugd zo gewend was. Tijdens de dienst wordt alles wat het bewustzijn van de gelovigen zou kunnen bereiken zorgvuldig voor hen verborgen; elke schijn van betekenis. Geen gebeden hardop, de gezangen zijn allemaal concertstukken, geen enkele mogelijkheid om de woorden van het Epistel en het Evangelie op te vangen, enzovoort. Het is allemaal verfraaid, afgeschermd door elke vorm van oprechte sentimentaliteit. Tijdens de litanie voor de rust van de overledenen, een echte vloed niet alleen van namen (de tsaar enz.), maar ook voor elke categorie namen (zij die werden gedood voor hun geloof, voor hun tsaar en hun moederland, zij die..., enz.) Voor de Communie (twee communicanten - en dit op de eerste zondag van de Vasten) deed een oude diaken, het klaarblijkelijke hart en de ziel van de parochie en hoeder van tradities, minstens gedurende tien minuten mededelingen: een concert van een getalenteerd pianist; een oproep om morele steun te betuigen aan de parochie middels inschrijving en betaling van één dollar per maand, enz. Men voelt dat de diaken leeft voor deze tien minuten – zijn zending. Onbewust, onderbewust, deze stijl verstopt, verdoezelt de betekenis van de Liturgie, van Kerk, van geloof, en vervangt deze door een soort veralgemeend 'gevoel'. Men hoeft niets anders te doen dan dit 'gevoel' te hebben, dat waarschijnlijk helpt om met het leven om te gaan, als een stamritueel.

In dit alles is er enig gevoel van trots: Wij Russen hebben een ziel, een hart. Wij weten hoe wij ons moeten voelen. Wij behielden het ware... wat? Wij behouden het nog steeds! Wij zijn met weinigen, maar wij houden voet bij stuk. Zelfs de vele, vele prachtige vastencakes die de diaken noemde, waarbij hij zei dat ze "tot uw dienst" zijn na de Liturgie, zelfs zij worden

---

een heldhaftig getuigenis, een geloofsbelijdenis! Schrik als er een verandering wordt vermeld (taal, kalender, enz.). Als iemand iets zou proberen te veranderen, zouden ze weggaan. "Wij zijn gewend aan wat wij hebben." Een paniekerige, hoewel onbewuste, angst voor enigerlei 'betekenis'.

Dan 's avonds bij de N's – nieuwe emigranten uit Rusland. Een andere kleine wereld – maar ik voel mij hulpeloos en te moe om te trachten er 'binnen te komen'. Dus 'reisde' ik op één dag door hele continenten, stevig opgesloten in zichzelf, geïsoleerd, alleen levend door hun eigen ding, dat "het enige dat nodig is" geworden is. Ik heb soms het gevoel dat de meeste mensen, zonder het zelf te weten, werkelijk leven door zich te verstoppen voor de realiteit (niet alleen van de dood) en dit verstoppen als de wezensfunctie van religie zien. "Slapende honden niet wakker maken."

In deze kerk, waar de muren 'slaperig' bedekt zijn met zeer donkere iconen, hoort men zoete en zielvoedende woorden: "voor de Tsaar, het Vaderland, het Geloof". "Wacht niet tot het einde van de Vasten om te gaan biechten". Ik hoor het argument (hoorde het al sinds mijn zestiende): "Wat is hier verkeerd aan? Het helpt echt om ermee om te gaan!" Ik antwoord: "Wat er verkeerd aan is, is dat slaperigheid zo gemakkelijk omslaat in haat en bloed." (Ierland, Libanon, de interne onenigheid tussen Orthodoxen e.a.). Geen achting voor de waarheid, voor canons; alleen maar haat voor al diegenen die deze 'slaperigheid' verstoren en vernietigen.

Woensdag 17 maart 1976 [102]

Ik ontving de Nederlandse vertaling van mijn *Great Lent*, alsmede een paar brieven van waardering van een Katholieke non, en van een vrouw in verwachting uit Maine. Vreugde om deze brieven: "het is doorgedrongen"! Ik dacht altijd dat theologieboeken voor theologen onnodig zijn. Het criterium voor theologie is om te schrijven zonder vereenvoudiging, maar wel zo dat het de normale gelovigen (of ongelovigen) bereikt.

---

102 Idem, p.115

Dit is zo'n dag waarop ondanks de intense kou (sneeuw gisteren) de natuur zich verheugt op de komende lente. Op reis naar Long Island reed ik langs de rand van het water. Helderblauw en, ver weg, een waas over de kust. Feestelijke, triomfantelijke wolken. Diep van binnen, onverwoestbare levensvreugde.

Dinsdag 23 maart 1976 [103]

Ik zou heel graag, voordat ik sterf over Holy Week, Pascha, Pentecost willen schrijven; alsmede The Virgin Mary, The Liturgy of the Death en Christmas and Epiphany om zo de hele cyclus te omvatten en te beslaan. Ik ken de waarde van geschriften, maar ik weet ook dat mijn benadering van de liturgische traditie, op dit moment in ieder geval, alleen de mijne is; daarom moet ik het te verkondigen.

Het is de vraag in elk leven: Hoe is waarheidsgetrouw te onderscheiden wat van God is, wat gehoorzaamheid aan Hem is (Heer, wat wilt Gij van mij?) en wat van "deze wereld" is (en van degene daarachter)? Vragen over iemands roeping. Mijn eigen leven is dat van een man van de Kerk. Maar elk jaar voel ik mij meer en meer belast - door zwakte. Of is mijn echte roeping iets anders? Ik heb er echt last van om mezelf deze vraag voortdurend te stellen. Ik leef een dubbelleven – het ene verteert het andere. Wil God dit? Is dit de voorwaarde voor mijn verlossing? Als ik deze vraag stel, weet ik geen antwoord. En ik ben 55!

Vrijdag 9 april 1976 [104]

Vandaag - Lofprijzing van de Theotokos - in mijn leven, een van de dagen die God naar mij toebracht, toen ik als jonge jongen naar de kerk liep voor de lofprijzingsdienst en ... er geen vuur was, geen 'vreugdekreten', maar een contact, een aanraking die later langzaam mijn hele leven begon te verlichten. "Verheug u, o dageraad van de mysterieuze dag..."

---

103 Idem, p.115
104 Idem, p.117 Bedoeld is hier de vooravond van de vijfde Zaterdag van de Grote Vasten als de Akathist van de Theotokos gezongen wordt. Zie ook vrijdag 13 april 1973 (voetnoot 31)

Verlicht met die dageraad. Hier is de bron en de focus van alles in mijn betere theologische zelf.

Maandag 12 april 1976 [105]

Op vrijdagavond werd het zingen tijdens de 'Lofprijzingen' bijna uitsluitend gedaan door onze seminarievrouwen - wat het nog passender maakte, dicht bij de Maagd Maria. Hoe zou men de hedendaagse wereld kunnen bekeren tot dat gevoel van leven?

De middag doorgebracht bij Anya Hopko met haar kinderen. Het lijkt me dat ik geen gelukkiger huis ken, geen gelukkiger gezin.

Gisteren, de laatste Zondag van de Vasten. Biechthoren. Volle kerk!

Onze zoon Serge is vandaag 31 geworden. Het lijkt wel gisteren dat wij ons verheugden in de snelle en gemakkelijke geboorte van een zoon!

Ik sprak vandaag met L. over het behoren tot de Kerk. Wij zijn erin opgegroeid, maar wij hebben steeds meer het gevoel dat de wijze die wij kenden – de Orthodoxe esthetiek – opdroogt, dat het de cultuur van vroeger is. Dus - wat moeten wij overdragen, wat moeten wij doorgeven? Men kan alleen levend leven overdragen, terwijl men tegenwoordig eerder archaïsme overdraagt dat mensen van de wereld vervreemd. Wij ervaren sommige Byzantijnse of Russische muziek al als romantisch, dus wat staat ons nu te doen?

Vrijdag 16 april 1976 [106]

"…. Na de veertig dagen van de Vasten voltooid te hebben…" Waren ze werkelijk verrijkend, verlossend? Ik verspilde zoveel dagen aan uitstapjes, gesprekken, gedoe. Mijn hart voelt zo zwaar! Ik ben zo ontmoedigd door het niveau van sommige vergaderingen en bekommernissen en zorgen.

---

105 Idem, p.118
106 Idem, p.118

Plotseling, een geschenk: Bachs Matthäus Passion op televisie. Vervolgens, stuurde mevrouw N. mij een portret van wijlen metropoliet Vladimir uit Parijs - geheel in het wit, zo vredig in een prachtige tuin. Een aanmaning, een harde waarschuwing na de moedeloosheid van gisteren.

Lazaruszaterdag 17 april 1976 [107]

Mijn favoriete feest der feesten. Een volle kerk! Processie van de kinderen. Een zeer warme zonneschijn. 's Middags kon ik niet werken, maar benutte de tijd om na te denken. Ik voel zo'n vreugde dat wij hier vandaag allemaal in dezelfde bevlogen geest zijn, allemaal de feestvreugde delend zonder nutteloze woorden. Eén van geest, één van hart: hier is het middelpunt van alles; rechtvaardiging, leven.

In gedachten heb ik een presentatie gemaakt die ik in Parijs zal houden op een jongerenbijeenkomst over traditie en vrijheid in de Kerk.

Heilige Maandag 19 april 1976 [108]

Een hittegolfrecord – 35 tot 40 graden; de zon is al heet om 06.00 's ochtends. Vespers en Liturgie van Palmzondag overtroffen alle verwachtingen. Dit is het feest van het Koninkrijk van God, zijn bevestiging hier op deze aarde. "Verheug u... en opnieuw zeg ik u: Verheug u!"

Middaglezing in New York over de Heilige Week. Ik dacht dat er niemand zou komen vanwege de hitte, maar er kwamen vijftig mensen en ik voelde dat zij belangstellend waren.

Eerste Metten met de 'Bruidegom' en 'Uw Bruidsvertrek...' Natuurlijk al van jongs af aan, het is het leven van de kindertijd in mijn hart. De Heilige Week is nauw verbonden met bloeiende kastanjebomen in Parijs. Maar is dat alles? Gisteren probeerde ik een beeld van de Goede Week over te dragen op mijn luisteraars, om de groei, het ritme, de logica ervan te laten zien. Ja, men kan analyseren en nadenken. Het

107 Idem
108 Idem

voedt het hart en de ziel en de geest. Niets mooiers, volmaakters is door de mens gecreëerd, mooier in de diepste zin van het woord: een samenkomen van alle noden, een antwoord dat de vraag overstijgt.

Het is niet zozeer gecreëerd als wel gezien, geleefd - als antwoord op de gave en de openbaring. Het zou onmogelijk zijn geweest om het te creëren. Alles komt voort uit de nuchtere, absolute, volledige woorden van het Evangelie, van Christus Zelf.

Wat is er nog meer nodig? Kijk - jullie allemaal die tevergeefs rondrennen. Denk niet dat er iets anders nodig is. Zie het gevecht van het licht met de duisternis, de afdaling in de dood. Het is tegelijkertijd de openbaring van de macht van het kwaad en de vernietiging ervan. Daar zou men het antwoord vinden dat iedereen zoekt en vaak vindt in zielige afgoden. Lazarus en de Palmen: "Verheug u, en nogmaals zeg ik verheug u..." helemaal aan het begin van de Goede Week en tegelijkertijd de aanval van de duisternis. ("Ik ben diep bedroefd, zelfs tot de dood..." en "Mijn God, mijn God, waarom hebt U mij verlaten?") en van het licht ("Nu is de Zoon des Mensen verheerlijkt en God is in Hem verheerlijkt...") tot aan de heldere stilte van Heilige Zaterdag. Waar anders moet men zoeken naar de oplossing van problemen? Waar anders kunnen we de enige lichtstraal zien, voelen die alles verlicht en oplost?

Heilige Woensdag 21 april 1976 [109]

Ik kom net terug van de laatste Liturgie van Voorafgewijde Gaven. Ik heb niet gediend, maar ik stond in de kerk te denken hoe dankbaar ik ben dat God mij laat leven in een liturgisch paradijs! De kerk is er een zee van zonlicht. Prachtig koor. Prachtige dienst. Zonder dit alles is elke verklaring van de Orthodoxie onmogelijk, niet overtuigend en onnodig omdat de openbaring, de epifanie van de Orthodoxie alleen hier is.

---

109 Idem, p.119

Avondmetten van Heilige Donderdag: "Komt alle gelovigen, laat ons de gastvrijheid van de Meester genieten, het feestmaal van de onsterfelijkheid..." en het 'verbond van liefde' van de Apostelen!

Heilige Vrijdag 23 april 1976 [110]

Ik heb zowat de hele Heilige Donderdag getracht de volheid van de dag te behouden. Na mijn geliefde 'rode' liturgie reed ik naar de stad voor een bezoek aan de kapper, en zo stilte en vrede te bewaren.

Tijdens de dienst van de Twaalf Evangeliën, werd ik sterk getroffen door het gebrek aan overeenstemming tussen de Evangeliën en de hymnen, de antifonen. Vrijdag is inderdaad de openbaring van kwaad en zonde in hun immense verschrikking, in hun volle omvang. Maar Byzantijnse hymnografen zijn druk bezig met het slaan en berispen van de schuldigen. Wij zijn de getuigen, wij zijn de rechters! We hebben medelijden met Christus en veroordelen de schuldigen. Hoe durfden ze? Ons geweten is zuiver omdat wij, zogenaamd, weten en aan de goede kant staan. Wat verloren gaat, wat niet gevoeld wordt, is de betekenis van Heilige Vrijdag zelf: iedereen verraadt Christus. De hele schepping, de Apostelen ("toen verlieten alle leerlingen Hem en vluchtten...").

Hij wordt verraden en gekruisigd door de blindheid en duisternis van vervormde liefde (Judas); door religie (de Hogepriesters); door macht (Pilatus), door de samenleving (volk). Dan, zich omdraaiend, accepteren ze Hem allemaal - "Waarlijk Hij is de Zoon van God ..."- de bewaker en de Apostel bij het Kruis en degenen die, zich op hun borst slaand, deze schande hebben achtergelaten.

Er staat niets over in de hymnen; ze concentreren zich op wie schuldig was, sluiten alle anderen uit van die schuld en beroven de dienst van zijn betekenis: het toppunt van het Kwaad, het oordeel en de overwinning erover - nu, hier, in ons. Goddank blijft het Evangelie overeind en domineert het over nogal zwakke en onnodige retoriek.

---

110 Idem, p.120

Gisteren, toen ik terugkwam uit de stad, bedacht ik dat ik 'Religion and Faith' moest schrijven, om aan te tonen dat religie zonder geloof afgoderij is. "Kleine kinderen, behoedt u voor idolen" (1 Johannes 5,21).

Ik voel mij zo dankbaar dat wij, zonder iets te verdienen, het geschenk van Pascha ontvangen, vrij, elk jaar! Heilige Vrijdag, de Uren, de Heilige Lijkwade, de Lofprijzingen 's avonds, de Beenderen, dan Grote en Heilige Zaterdag en de Paasnacht. Een liturgisch feestmaal.

Op maandag kwamen al onze kleinkinderen naar de kerk en toen naar ons huis. Lawaai en zo vrolijk. Toen bracht L. me naar het vliegveld voor mijn vlucht naar Parijs waar ik mijn moeder en Andrei ontmoette. Vervolgens een wandeling langs bekende boekhandels, straten, cafés en een diner met vrienden. De volgende dag mijn geheime lunch met Andrei in Café Lipp, daarna.... onmogelijk om over alle plaatsen, mensen, zelfs om over de lucht van Parijs te schrijven.

Woensdag 5 mei 1976 [111]

Mei is zo mooi dit jaar. Ik heb genoten van de Paasmetten, zonneschijn, bloeiende azalea's, ijle, lichte lucht. Hoe die vreugde te behouden, te behoeden voor gedoe, woorden, drukte?

---

111 Idem, p.121

HOOFDSTUK 5: 1977

Grote Vasten. Maandag 21 februari 1977[112]

Gisteren, vanwege de sneeuwstorm, hebben we overnacht in Wappingers Falls bij de Hopko's. Ik viel 's morgens in voor Vader Tom. Daardoor miste ik de Vergevingsvespers op het seminarie en diende in plaats daarvan in Wappingers in een lege kerk met L., Anya en haar dochters. Toen Anya alleen het prokimenon zong: "Wend Uw aangezicht niet af van Uw kind, want Ik ben getroffen. Hoor mij snel, nader tot mijn ziel en verlos haar"- zo eenvoudig, zo zuiver, voelde ik de hele doordringende volheid, de gezegende vreugde die men soms als gevoel ontvangt. We eindigden met de Paasstichieren. Vanochtend reed ik terug met L. – een stralende zonnige dag midden in een sprookjesachtige wereld, vreugdevol gedecoreerd met sneeuw. Twee grootse dagen met Anya en onze kleinkinderen.

Dinsdag 22 februari 1977[113]

Met het verstrijken van de jaren ben ik mij steeds meer bewust van het gevoel van tijd, van de stroom ervan, het veranderen ervan. Zo bijvoorbeeld die twee dagen bij Anya in de gezellige sfeer, het licht van haar gezin, van haar huis: terwijl ik die dagen beleef, begin ik mij ze te herinneren, ze om te vormen in de blijdschap die daarin en daardoor gegeven wordt, als een voeding die absoluut gratis en absoluut nodig is. Geschenken, die we niet waarderen omdat ze zo klein lijken - ze zijn de enige echte - zoals naar huis lopen na een prachtige Vespersdienst door diepe sneeuwheuvels. Dat alles bij elkaar: sneeuw die schaars verlicht wordt door straatlantaarns, ramen met knus licht erachter, de kleine Alexandra, net als een balletje dat over die sneeuw rolt. Dit zijn allemaal geschenken van God! - Alles van God; alles over Hem.

---

112 Idem, p.147
113 Idem, p.147

Elk begin is moeilijk, bijvoorbeeld het begin van de Grote Vasten. "Ik heb er geen zin in". Wat absoluut noodzakelijk is in het begin, is om geduld te hebben. "Door uw volharding zult u uw leven winnen" (Lc.21,19). Geduldig zijn is het accepteren van het "er geen zin in hebben", het smoren - niet door jezelf te dwingen om "het te willen", wat onmogelijk en vals zou zijn, maar gewoon door te accepteren, je te onderwerpen, te gehoorzamen. En geduld wordt vroeg of laat omgezet in verlangen. En wat men niet wilde, wordt geluk, volheid, een geschenk. En men vindt het jammer dat het snel voorbij is.

Ik luister naar de gebeden, de hymnen. En nogmaals, zie ik de voor de hand liggende, onvergelijkbare superioriteit van de Psalmen en, in het algemeen, de Schriften, ten opzichte van welke hymnografie ook.

Donderdag 24 februari 1977 [114]

Gisteren, de eerste Liturgie van de Voorafgewijde Gaven – met enthousiasme en vreugde. Tussen de diensten door was ik thuis bezig met het schrijven van "Unity of Faith", dat eindelijk lijkt uit te kristalliseren. Zonneschijn en dooi.

's Avonds las ik de brieven van Tsjechov die hij in de laatste jaren van zijn leven schreef. Ik heb altijd al gehouden van en houd steeds meer van de mens Tsjechov, niet alleen de auteur - de kwaliteit van zijn consistentie, terughoudendheid en tegelijkertijd zijn diepe, geheime vriendelijkheid. Van alle grote Russische schrijvers staat hij het dichtst bij het christendom in zijn nuchterheid, zijn afwezigheid van goedkope gevoelens. Maar wat een triest, tragisch leven met tuberculose op dertigjarige leeftijd!

Vrijdag 25 februari 1977 [115]

Vreemd hoe waar ik mee bezig ben, soms schijnbaar vruchteloos, op een verborgen manier in mij begint te "werken". Alsof ik slaap, maar mijn hart en geest wakker zijn: dit is wat er gebeurt met mijn "Eenheid van Geloof". Ik ben in totale duister-

114 The Journals, p.148
115 Idem, p.148

nis - en plotseling is het licht aan. Het is nogal verbazingwekkend hoe ik mijn hele leven kan leven door de woorden van iemand anders te herhalen alsof ze de mijne zijn. Maar alles verandert als de woorden die ik mijn hele leven heb gebruikt ineens 'van mij' worden.

Gisteren, laatste lezing van de Canon. Een menigte priesters. Een Griekse bisschop. Ik hoop dat de Vastentijd nu lichter zal worden, zal worden waartoe zij ons roept: licht, vrij van het zondige gewicht van de ziel.

Triomf van de Orthodoxie. Zondag 27 februari 1977[116]

Zoals gewoonlijk aan het begin van de Vasten, heb ik een intens gevoel van mijn verleden, mijn kindertijd, van alles wat letterlijk "ondergedompeld is in de eeuwigheid". Het is zo belangrijk om te onthouden - zelfs zomaar een gewone avond bij mijn oude tante en de zonsondergang van die dag, en de bladeren op het kleine plaatsje.

Zaterdag 5 maart 1977 [117]

Zaterdagse Vastenliturgie – Ik heb ervan gehouden sinds ik een kind was. Zo'n duidelijk antwoord op alle ontmoediging en twijfels van de laatste dagen: "vat moed". De Kerk is boven alles hoger dan alles, - "aan mijn tafel in mijn Koninkrijk" (Lc.22,30). De Eucharistie... Hoe kan men het niet zien, ermee

---

116 Idem, p.148. Metropoliet Athenagoras begon op deze zondag in 2020 (8 maart) in de Kathedraal te Brussel zijn homilie aldus:
"Met de genade van de Heilige Drie-ene God vieren we vandaag de Goddelijke Liturgie van de eerste Zondag van de Heilige en Grote Vastentijd - de Zondag van de Orthodoxie. We gedenken vandaag de dramatische periode, eeuwen geleden, waarin de ketterij van de iconomachie (of de beeldenstorm) ontstond en waardoor de Kerk door woelige jaren ging. Dankzij de Triomf van het Orthodoxe Geloof, eerst tijdens het VII Oecumenische Concilie van Nicea in Bithynia (787), vervolgens definitief bevestigd op het Concilie van Constantinopel in 843 dat de Besluiten van het VIIde Oecumenische Concilie bekrachtigde, werd deze anomalie vernietigd".
Bron: https://orthodoxia.be/nl/2020/03/09zondag-van-de-orthodoxie-in-het-aartsbisdom-van-belgie
117 The Journals, p.148

instemmen? Ik ben op weg naar Sea Cliff waar ik het er juist over ga hebben.

Warm, zonnig, lente.

Donderdag 24 maart 1977 [118]

Gisteren, de gezelligste, gelukkigste avond met onze twee *matushki* - mijn dochters Anya en Masha. Geniet van hun geestelijke gezondheid, licht, transparantie. Ik sta op het punt te vertrekken naar de Vigilie van de Verkondiging: "De stem van de Aartsengel".

Vrijdag 25 maart 1977 [119]

Feest van de Verkondiging – mijn meest geliefde van alle geliefde feesten! Staande in het heiligdom tijdens de Vigilie luisterend naar deze jubelende hymnen: "... verkondig, o Aarde, het nieuws van een grote vreugde; zing, o hemelen, de heerlijkheid van de Heer", dacht ik: Hoe kunnen er problemen zijn? Bestaat ons hele leven niet uit het accepteren en in zich opnemen van deze vreugde van bovenaf, in het ons eigen maken ervan, in het zien en accepteren van deze vreugde als eeuwig nieuw?

Zaterdag 26 maart 1977 [120]

Gisteren, de Akathist, en vanochtend een stille, blauwe Liturgie van de Lofzangen van de Maagd. Pure, onverdunde vreugde van deze dag sinds mijn kindertijd, toen ik, zittend in mijn schoolbank aan het Lycee Carnot en verveeld, tegen mezelf zei: "Vanavond, de lofprijzingen van de Theotokos ..." Bloeiende kastanjebomen op weg naar de kerk.

Ik dacht vandaag aan de debatten over "de plaats van de Theotokos" in onze verlossing - de definitie ervan, enzovoort, en aan de middelmatigheid en de zwakte van de theologie die op deze manier wordt verstaan. Men kan niets begrijpen zon-

118 Idem, p.156
119 Idem, p.156
120 Idem, p.156

der het eerst in zijn geheel te aanvaarden: "Verheug u, want door u zal vreugde schijnen...", zonder eerst licht te worden aangeraakt door de verwondering en dankbaarheid voor dit zuiverste Beeld. Hoe kan men het allemaal definiëren in de 'wetenschappelijke' taal die de theologie heeft gekozen?

In alles wat vrouwelijk is, zelfs als het profaan gemaakt is, zitten flarden van dit beeld. In *Haar* zijn ze volledig verzameld.

Afwezigheid van negatieve vrouwenbeelden in het Nieuwe Testament (zoals Judas, de Farizeeën, enzovoort). Christus klaagt de Farizeeën aan, maar vergeeft de overspelige vrouw en Hij spreekt met de Samaritaanse vrouw. Definities, d.w.z. de essentie: Moeder, Maagd, Bruid, De Vrouw bekleed met de Zon, Koningin.

Heilige Woensdag 6 april1977 [121]

Ik heb net Gates of Eden van Dickstein uitgelezen en dacht dat het naast populaire cursussen als 'Great Western Ideas' nuttig zou zijn om een cursus te geven met als titel 'Great Western Errors', naar ongeveer dit plan: Rousseau en 'Nature', met een hoofdletter N; De Verlichting en 'Rede', hoofdletter R; Hegel en 'Geschiedenis', hoofdletter G; Marx en 'Revolutie', hoofdletter R; en ten slotte Freud en 'Sex', hoofdletter S - beseffend dat de belangrijkste fout van elk juist de hoofdletter is, die deze woorden in een afgod verandert, in een tragisch 'pars pro toto'. Toon dit alles als een gefragmenteerd christendom en toon de vreselijke schuld van christenen in die fragmentatie. De schuld is niet alleen ideologisch, maar vooral spiritueel (spiritualiteit) en praktisch (versmelting met de wereld, de functies van een natuurlijke religie accepteren, eschatologie ontkennen aan de ene kant, het *hic et nunc - hier en nu* - aan de andere kant).

De zonde is opgelost in een kleinzielig focussen op kleine details. Men realiseert zich niet dat kleinzieligheid (ook moraal) een zonde is: het is het afkeren van God, het verwerpen van God; maar kleinzieligheid en gemakkelijker, godsdienst is gemakkelijker.

---

121 Idem

Er blijft een vraag onopgelost (onoplosbaar, misschien?): Waartoe moeten we mensen oproepen? Wat moeten ze leren? Ik denk dat men moet beginnen met het lichaam. In het lichaam is alles gegeven voor communicatie, kennis, gemeenschap: gevoelens, ogen om te zien (wat?), oren om te luisteren en te horen (wat?), enz. Een vreselijke fout wordt gemaakt wanneer alles wordt gereduceerd tot rede of tot emotie. De rede verhindert ons te zien en te horen, omdat ze de 'ander' - gegeven, gezien, sprekend - transformeert in een rationeel object. Emoties: ze richten zich op zichzelf en transformeren alles in narcisme. In beide, rede en emotie, een afwijking, eenzaamheid, zonde. Heel belangrijk is natuurlijk wat te horen en te zien - dit is het *hier en nu* dat de eeuwigheid *nu* onthult. Het is het besef van "het Koninkrijk van God is in u..."

Heilige Donderdag 7 april 1977 [122]

Ik ben er meer en meer van overtuigd dat niets, absoluut niets wordt bereikt of opgelost door discussies, argumenten, debatten - een euvel van onze tijd. Stel je voor: Tolstoj, Rembrandt of Shakespeare, op een symposium, gewijd aan de trends van hedendaagse kunst. Al wat anderen overtuigt of bekeert, groeit in eenzaamheid, in creatieve rust, nooit in gekeuvel. Het betekent niet dat een creatieve geest geen universele visie zou mogen hebben - die moet hij hebben. De fout van onze tijd is het geloof in woorden, wat leidt tot hun volledige devaluatie. Mensen zullen mij zeggen: "Hoe zit het dan met Plato's dialogen?" Zij bevestigen echter precies wat ik zeg. Deze dialogen zijn niet alleen een opname van een bepaald debat, maar de demonstratie van een ideaal debat waarin elk woord zijn volle gewicht heeft en waarin alles is gebaseerd op het horen van wat de ander zegt.

Een echte discussie is onmogelijk geworden omdat de onderwerpen toevallig, willekeurig en op geen enkele manier gerechtvaardigd zijn geworden. Een echt gesprek veronderstelt de rechtvaardiging, de noodzaak van het onderwerp. Het onderwerp is het object en alles wordt er organisch omheen georganiseerd. Tot slot: in deze wereld is alles wat niet gerelateerd is aan 'het enige dat nodig is', dat ervan afgesneden is,

---

122 Idem, p.157

leeg, onnodig, schadelijk. "Maar zoek eerst Zijn Koninkrijk en Zijn gerechtigheid, en al deze dingen zullen ook van u zijn" (Mt.6,33) is het methodologische basisbeginsel, het enige dat mogelijk is.

Heilige Vrijdag 8 april 1977 [123]

Alles gaat zoals het hoort - zoals altijd - op deze hoogfeestdagen. Op de beste momenten wordt men pijnlijk doordrongen van wat herinnerd en gevierd wordt. Onmogelijk, ongehoord, als men erover nadenkt. De Heilige Week is op de een of andere manier iemands hele leven 'bijeenbrengen'. Eén ding is duidelijk: deze dagen zijn een genadeloos oordeel over alles. Het is Zonde en Kwaad in hun puurste vorm. En Judas - die "het niet wilde begrijpen" - hij is mij, wij, de hele wereld.

Het lijkt erop dat er een cirkel aan het sluiten is in de geschiedenis van religie - het is tijd voor een oordeel. Wat zal blijven, hangt af van wat zal worden aanvaard, erkend en gezien als de betekenis van dit oordeel.

Stralende Vrijdag 15 april 1977 [124]

Seminarie, kerk. Lunch met Vader D[aniel Hubiak][125] over kerkelijke zaken. Hoeveel kleine hartstochten, kleine obstakels! Natuurlijk is het allemaal onbelangrijk, maar het vergiftigt en verduistert iemands leven. Maar hoeveel vreugde komt er dan van mensen als Vader D.!

Donderdag 21 april 1977 [126]

Ik werd midden in de nacht wakker, en zoals het vaak gebeurt, kon ik een hele tijd niet opnieuw in slaap vallen, achtervolgd door een vreselijke gedachte: het leven is voorbijgegaan en

---

123 Idem, p.158
124 Idem
125 Hubiak, Pater Daniel - Kanselier van de Orthodox Church in America (OCA) van 1973-1988, Momenteel vertegenwoordiger van de OCA bij het Patriarchaat van Moskou en rector van St.Catherine's Church, Moskou (voetnoot The Journals, p.158)
126 Idem, p.158

er is niets gedaan. Al mijn tijd besteedde ik aan onbedui-
dende kleine dingen, seminarie 'tragedies', radioscripts, etc.
In de ochtend blijft slechts een vage herinnering over, maar
midden in de nacht leek het absoluut verschrikkelijk. Maar
toch, wat overblijft is de vraag: Is deze totale verspilling van
tijd nodig? Is schrijven nodig? Moet er een verandering komen? Is dit totale geven van zichzelf aan minuscule details
nodig, moet men het leven accepteren zoals het is - en is dat
de christelijke betekenis ervan?

HOOFDSTUK 6: 1978

Donderdag 16 maart 1978 [127]

Eerste Liturgie van de Voorafgewijde Gaven na drie dagen van biechthoren en diensten. Alles ging vrij goed en tijdens de diensten voelde ik meerdere keren de aanwezigheid van een totale 'volheid', onmogelijk uit te drukken of uit te leggen, maar wel de enige die overtuigend is.

> Verlies van links in Frankrijk, ondanks alle peilingen, alle voorspellingen, Israëlische aanval op Libanon.

Hoe krankzinnig lijkt dit alles wanneer men de diepte van de gebeden van een Liturgie van Voorafgewijde Gaven beleeft! En toch op de een of andere manier zijn deze gebeden niet effectief; ze hebben geen vrijwaring van de wereld tot resultaat. Tegenwoordig heb ik heel sterk het gevoel dat de uitdrukkingen in het Evangelie, 'deze wereld', 'niet van deze wereld', heel concreet zijn. Ik schrijf: "zijn niet effectief"- ze zijn echt niet effectief, zolang de Kerk en de christenen leven en handelen naar de logica van 'deze wereld'. Dus alles wat volgens de logica wordt gezegd - 'niet van deze wereld' - wordt volledig geneutraliseerd. Dat is waar, in iemands persoonlijke leven en in de geschiedenis van de Kerk. Zolang de Kerk een van de factoren wordt, een van de delen van 'deze wereld' (politiek, nationalisme, zelfs religie), klinkt haar boodschap in het beste geval als niet waar en in het slechtste geval als een misleiding. Wat is 'deze wereld'? Bovenal, een afrekening en geloof in deze afrekening, en dit is altijd 'de logica van de macht'.

Heilige Maandag 24 april 1978 [128]

Lazarus-zaterdag, Palmzondag. Enthousiasme, vreugde, verbinding, gemeenschap met slechts één ding dat noodzakelijk is. Als een speciale genade, een uitzonderlijke glans, zonne-

---

127 Idem, p.192
128 Idem, p.195

schijn, licht van deze twee dagen, bloeiende bomen. Vrolijke paasgele forsythia's. Op zaterdag, na de Liturgie, gingen we naar de begraafplaats. Lazarus-zaterdag is meer dan enige andere dag gemaakt voor het kerkhof omdat het 'de verzekering is van de universele opstanding'. Ontspannen wandeling met L. langs de Bronx River. 's Avonds de eerste Metten van de Bruidegom. Het enige dat mij ervan weerhoudt om mezelf volledig aan de dienst te geven, is het gevoel van verantwoordelijkheid voor alle details. Tijdens deze dagen moet men volledig zorgeloos zijn, of op zijn minst moet er een verlichting van de lasten van het leven zijn - en het is onmogelijk! Ik begrijp de bisschop van Tsjechov heel goed die, in een droom voordat hij sterft, weer de kleine Paulus wordt, een vrij kind... Maar deze verleiding is niet christelijk, want 'echt christendom' zou bestaan uit het geven van een geestelijke betekenis aan de last, niet uit een geïrriteerd verlangen om eraan te ontsnappen...!

Veel biechten. Waarom kunnen mensen het niet laten om elkaars leven bijna systematisch te bederven? Dat is de essentie van het kwaad. Het bederven van elkaars leven is het tegendeel, het 'binnenstebuiten', van de liefde waarvoor de mens geschapen is.

Heilige Dinsdag 25 april 1978 [129]

Er is in Amerika een soort latent geweld, samen met kinderlijke eenvoud. Angst? Rivaliteit uit zelfbehoud? Stilte komt niet gemakkelijk: "laten we een rustig en stil leven leiden". Als iemand een wandeling gaat maken, is het omdat de arts het heeft voorgeschreven of hij heeft er iets over in de krant gelezen. Er is weinig genot van het leven omwille van het leven zelf, geen stilzetten van de klok, geen gevoel van de aanwezigheid van het eeuwige. Een gemiddeld, 'gewoon' mens is bang om op het leven te vertrouwen: de zon, de lucht, vrede. Hij of zij moet alles onder controle hebben. Vandaar – die geprikkeldheid en het constant bezig zijn met anderen, een soort schaduwen van anderen.

---

129 Idem, p.195

Heilige Vrijdag 28 april 1978 [130]

Verwachting en Vervulling. Het lijkt erop dat de Vastentijd nooit zal eindigen, deze eindeloze veertig dagen zullen nooit opschieten... dan Lazarus-zaterdag. Het lijkt erop dat Pascha nooit zal plaatsvinden, maar dan komt het altijd en het vindt jou altijd, terwijl jij je er niet op voorbereid bent. Warempel: "Zie, de Bruidegom komt om middernacht". Ik heb het gevoel dat ik niet voorbereid ben, dat ik het niet verwacht heb; ik ben hopeloos buiten 'het Bruidsvertrek'.

Gisteren, Heilige Donderdag – De tijd bestaat niet. Het is dezelfde Heilige Donderdag als toen mijn broer Andrei en ik door de Rue Legendre liepen, onder de bloeiende kastanjebomen naar de kathedraal aan de Rue Daru: of misschien wel een eerdere donderdag – Heilige Donderdag komt niet naar ons toe; wij komen naar hem terug, wij verdiepen ons weer in hem. Heilige Donderdag is wederom een geschenk voor ons - "... en verleen Ik u, zoals mijn Vader Mij verleend heeft, een koninkrijk..." (Lc 22, 29). De hele 'liturgie' van de Kerk is er; het maakt de terugkeer, de onderdompeling mogelijk. Geestelijk leven houdt in daar te zijn, niet om het slechts af en toe symbolisch aan te raken. "In de bovenkamer, met onze harten omhooggericht naar de hemel..." [131]

Ik zag vandaag een aankondiging over een enorm gebouw bedacht door Dali en gebouwd in Parijs - geheel gemaakt van kubussen en dergelijke. Een simpele gedachte kwam in mij op: Wat is de gruwel van nieuwe kunst, nieuwe architectuur, schilderkunst, literatuur? Elk gebouw uit het verleden - het meest vulgaire, Victoriaanse, suikerachtige, versierd met zuilen en kleine babyliefdesbeeldjes - was symbolisch. Zelfs vulgariteit verwees naar iets anders; het was een karikatuur van iets anders. Alles had te maken met 'het andere'. Nieuwe kunst wil één ding: die verwijzing, die symboliek van het andere vernietigen; of liever het aan de kaak te stellen. Ze zegt: "Kijk! Hierachter is niets!" Surrealisme begon ermee: Hoewel het veel over de droom sprak, ontmaskerde het in feite de droom

---

130 Idem, p.195
131 Uit: de Canon van de heilige Cosmas, laatste 'irmos' (Negende Ode). Zie hierboven p.29

als absurd of betekenisloos, als een soort vervelende jeuk. Elke vulgaire, zoete roman verbergt enig potentieel. Hij beschrijft een menselijke wereld. De kubusvormige gebouwen ontberen elk verband ermee. Daarom denk ik daaraan terug in verband met de gesprekken van gisteren met mijn arme ongelukkige vrienden. De doodlopende weg van hun ongeluk is het feit dat het slachtoffer, het ongelukkige slachtoffer, alles kan verklaren en analyseren met behulp van psychotherapie. Maar deze analyse, deze dode kennis van het lijden van het leven en van het echte kwaad, maakt genezing onmogelijk. Waar zou de genezing toe leiden? Religie zelf heeft de toegang tot de oude, eeuwige, levende en helende symbolen afgesloten. De Heilige Week is een verhandeling geworden over wat er tweeduizend jaar geleden met Christus is gebeurd, en niet de openbaring wat er vandaag met ons gebeurt. Deze Byzantijnse, retorische afrekening met Judas, met de Joden, onze rechtvaardige vrome woede... Hoe zielig klinkt het allemaal na het eerste Evangelie op donderdagavond. Heilige Vrijdag ontmaskert het kwaad als kwaad, maar de vernietiging van het kwaad en de overwinning erover is een dag van onze menselijke vreugde geworden - hoe nobel en vroom en triomfantelijk zijn wij! Wij weten niet eens dat wij uiteindelijk het Kruis van Christus afschaffen.

Stralende maandag 1 mei 1978 [132]

Pascha. Ik kan mij zo'n Paasdag niet herinneren; zonnig, koel, licht, luchtig.

Gesproken met mijn zoon Serge in Zuid Afrika.

---

132 The Journals, p.196

HOOFDSTUK 7: 1979

Dinsdag 27 februari 1979 [133]

Ik las gisteren R.Bornert's boek, *Byzantine Liturgical Commentaries*. (Ik ben een lezing aan het voorbereiden voor Dumbarton Oaks). Eens te meer ben ik ervan overtuigd dat ik behoorlijk vervreemd ben van Byzantium, en er zelfs vijandig tegenover sta. In de Bijbel is ruimte en lucht; in Byzantium is de lucht altijd benauwd. Alles is zwaar, statisch, versteend. Wat verrassend is, is dat de Byzantijnse *Liturgie* aan deze benauwdheid in principe weerstand heeft geboden en heeft ondergaan en het niet heeft binnengelaten in het 'Heilige der heiligen'. Mijn intuïtie blijft dezelfde: de omzetting van de beleving van de Kerk van een eschatologische naar een mysteriologische toonaard. Hier blijkt Plato sterker te zijn dan de Bijbel; Plato en het christelijke rijk, de christelijke wereld. Mensen begrijpen niet dat eschatologie interesse in de wereld is. Byzantium's volledige onverschilligheid voor de wereld is verbazingwekkend. Het drama van de Orthodoxie: wij hebben geen Renaissance gehad, zondig maar bevrijdend van het heilige. Wij leven dus in niet-bestaande werelden: in Byzantium, in Rusland, waar ook, maar niet in onze eigen tijd. Regen, natte sneeuw. De hele dag een grijze schemering achter mijn raam. En een gevoel van vermoeidheid over de naderende Vasten, wat voor mij veel reizen, lezingen, extra spanning betekent.

Dinsdag 6 maart 1979 [134]

Grote Vasten! Gisteren en vandaag - lange diensten. Tussen de diensten door ben ik alleen thuis en werk ik aan een lezing voor Dumbarton Oaks ('Symbolen en symboliek in de Byzantijnse liturgie'). Ik begon, zoals gewoonlijk, tegen wil en dank. Maar, zoals bijna altijd gebeurt, terwijl ik in eerste instantie nogal tastend te werk ga (ik 'hoor' eerst aparte zinnen, 'zie' een onduidelijk opkomen van iets dat nog onbekend is), komt

---

133 Idem, p.213
134 Idem

er toch een soort openbaring: Dit is wat er gebeurde, wat er was...

Drie lagen symboliek. Een representatieve symboliek, d.w.z. de laatste, de hedendaagse (die al in Byzantium begon), weggerukt van theologie en van vroomheid. Dan daaronder een spirituele symboliek (mysteriologisch): Dionysius, Maximos, Theoria: contemplatie, gnosis. En dan, daaronder, een eschatologische symboliek, het Koninkrijk - deze wereld. En dan, wat overblijft is om dat alles onder woorden brengen... nogal pijnlijk!

Donderdag 15 maart 1979 [135]

Vancouver, British Columbia

De vroege morgen. Ik ben in Vancouver, waar ik ben om twee lezingen te geven voor de Faculty Club van de Universiteit van British Columbia. Prachtig uitzicht op de baai en de eilanden. Bewolkt, maar alle struiken bloeien.

Drukke week. Afgelopen zondag in Montreal voor de Triomf van de Orthodoxie. Maandag, ontmoeting met kerkarchivarissen in de Kanselarij. Dinsdag, seminariecolleges, lezingen, studenten. Gisteren, lange vlucht dwars over Amerika.

In het vliegtuig las ik religieuze tijdschriften, waarvoor ik gewoonlijk geen tijd heb om die te lezen: het Britse katholieke tijdschrift, The Tablet ; het Amerikaanse tijdschrift, The Oxford Review – Episcopaalse dissidenten, dat wil zeggen extreemrechts. Ik kan geen van beide standpunten accepteren, noch rechts noch links. Het rechtse is deprimerend vanwege zijn oppervlakkige gebrek aan ernst. Alles wordt behandeld met goedkope ironie en met vermoeiend klerikalisme. Het linkse is vermoeiend met zijn 'sociale bezorgdheid' (zoiets als 'de theologie van arbeidersstakingen').

Ik las ook het synodetijdschrift (Russisch Orthodoxe Kerk in het Buitenland), The Orthodox Monitor, in het leven geroepen voor de verdediging van vervolgde orthodoxe mensen.

---

135 Idem, p.214

Tijdens het lezen vroeg ik mijzelf af: "Wat is de duidelijk tastbare valsheid van alles in dat tijdschrift?" Een artikel van de Griekse bisschop Panteleimon uit Boston over gebeden in zijn klooster tot elk van de wonderbaarlijke iconen van de Maagd Maria. Is het die zalvende retorische toon die mij irriteert, of iets anders? Nee, ik voel in dit alles een zekere zelfverheerlijking, zelfingenomenheid, bezigzijn met zichzelf. Vervolgingen, martelaren, enz., zijn de bevestiging van hun recht, hun hoge kwaliteit, en het is volkomen onverdraaglijk. De uitbuiting van martelaren. Een primitieve benadering: niet de werkelijkheid, maar de mythe. Bovendien een valse mythe.

Dinsdag 27 maart 1979 [136]

De priesterwijding van Vader Andrew Tregubov. Prachtige Verkondiging met de viering van het Kruis. L. keert terug naar Baltimore voor onderzoeken.

Vrijdag 6 april 1979 [137]

Een brief gisteren van N. die klaagt dat haar priester haar heeft verboden mee te doen met een christelijke groep studenten aan het Mahattanville College (gebeden, Bijbelstudie, enz.). "Hij vertelde me dat het een zonde is, dat ik daar bid tot een andere God, niet tot de echte God, dat de protestantse Christus niet dezelfde Christus is als de orthodoxe..." O Heer, wat een puinhoop, wat een middelmatigheid - onze empirische Orthodoxie. Ik antwoordde zo goed als ik kon, maar ik weet niet of wat ik probeerde te zeggen tot haar zal doordringen.

Gisterochtend, de Canon van de heilige Andreas; vandaag, Akathist van de Theotokos - en een zeer heldere, koude zon. Ik ging naar de Franse boekhandel waar de verkoopster de enorme verkoop van boeken over magie bevestigde. Het lijkt mij dat niemand in deze wereld frisse lucht wil inademen - vrij, vreugdevol, liefdevol. Het zijn alleen oude New Yorkse arbeiders, verkopers, die me blij begroeten: "Hi,Vader!"; en het is duidelijk ze dat gewoon graag een priester ontmoeten;

---

136 Idem, p.215
137 Idem, p.218

dat zij in het algemeen open staan voor iets 'goeds' in het leven. Een oude zwarte serveerster in Clock Full O'Nuts, waar
ik stopte voor een broodje, noemde me 'schat'! "Verborgen
voor de wijzen, geopenbaard aan de nederigen" - en ze zijn
gelukkig. Maar dit geluk schokt alle wijze mensen, alle specialisten in de religie. Voor hen is alles een 'probleem', een
moeilijkheid. Op het seminarie zijn onze priesters oververmoeid vanwege voortdurende gesprekken met de studenten
over hun problemen. En naar het seminarie komen zoveel
gemartelde mensen, die zichzelf martelen, geobsedeerd door
zwaar maximalisme. Ik denk daaraan terwijl ik anticipeer op
de geliefde Akathist van vandaag: "Verheug u..." Dat ik deze
vreugde toch niet in mijn ziel laat sterven... Alstublieft, Heer!

Heilige Woensdag 18 april 1979 [138]

Voor het eerst dit jaar voel ik me best oud. Nooit eerder. Ik
dacht altijd dat het grootste deel van mijn tijd voor de boeg
lag. En ineens merkte ik dat mijn geheugen minder wordt. -
vooral namen. In mijn onderbewustzijn voel ik dat "de dag
naar de avond neigt...".

Heilige Vrijdag 20 april 1979 [139]

Tijd onbeweeglijk... Drie uur staande voor het Kruis en de
twaalf Evangeliën lezend. En dat - elk jaar, "immer, nu en altijd ..." Al luisterend (er waren zes priesters), dacht ik dat dit
mijn eenenvijftigste of tweeënvijftigste keer was, zonder er
ooit een gemist te hebben. 's Ochtends de Rode Liturgie van
de Grote en Heilige Donderdag. Ik zeg het andermaal: Het is
niet de Heilige Week die wederkeert; wij keren tot haar terug,
raken haar aan, communiceren ermee. Daar – is alles al eeuwigheid. Als een bijzondere zegen en genade - verblindend
heldere dagen.

---

138 Idem, p.219
139 Idem

Woensdag 2 mei 1979 [140]

Pascha – vreugdevol en lichtend, meer dan ooit. Vervolgens, op Paasavond, naar Parijs. Drie uur in Luxemburg, dan een vier uur durende treinreis naar Parijs. Mijn broer Andrei - altijd dezelfde intense vreugde om hem te zien!
Zes dagen in Parijs. Zes dagen met regen en nattigheid. Dagelijkse bezoeken met moeder in haar 'thuis'. En de rest van de tijd, gespannen, pijnlijke zoektocht naar wegen ter verzoening in de kleine wereld van de Orthodox Christian Movement, letterlijk ingestort en levend in intense wederzijdse haat. Ik word verscheurd tussen hoop en verdriet.

---

140 Idem, p.219

HOOFDSTUK 8: 1980

Dinsdag 19 februari 1980 [141]

Grote Vasten! Ik ben de hele dag in de kerk gebleven. Op zaterdag ben ik naar Boston geweest voor gebeden voor de vervolgden (Sacharovs stiefdochter en anderen waren aanwezig). Ontmoeting met het parochiebestuur: het verzet besproken van oudere parochianen tegen elke verandering: Communie, taal, zingen, etc. Dezelfde situatie als in Montreal en Sea Cliff. Russen accepteren van huis uit die 'sleutel' niet! Hun Orthodoxie is onlogisch - in de zin van een afwezigheid van Logos, van betekenis, in de letterlijke zin van het woord. Voor hen wordt het heilige afgebroken door logos. De Kerk helpt een moeilijke periode van het leven te overwinnen, helpt om terug te keren naar het normale leven - maar om te proberen zelfs die hulp zinvol te maken, wordt als totaal onnodig beschouwd. Op dat moment zijn woorden nodig over het eeuwige leven, of het ontmoeten van een overleden echtgenote, en de Kerk deed wat ze verondersteld werd te doen - dat is alles. Evenwel geen verbinding met een visie op het leven. Men krijgt troost en keert terug naar zijn normale leven!

Het christendom is absoluut uitzonderlijk, uniek. Zijn kijk op de wereld is een uitdaging voor alle andere opvattingen en visies. Zijn eis om te bekeren, is om letterlijk alles wat uit gewoonte gedaan wordt ondersteboven te halen. Ten eerste uiteraard 'religie', hoewel zijn geschiedenis een geschiedenis is van compromissen met deze wereld, met zijn logica en eisen. Ik dacht er de afgelopen dagen aan tijdens het lezen van vakartikelen over de geschiedenis van de Liturgie. Waar is het compromis? In wezen is het wanneer het christendom als nodig wordt opgevat, maar dan zonder het leven nog langer te hinderen; terwijl het doel, de essentie van het christendom maar in één ding is gelegen: òm te hinderen, d.w.z. de 'vlam' van het christendom in de wereld te behouden. Maar de Kerk is tot compromis verworden dat het christendom tot noodzaak maakt, en niet tot hindernis.

---

141 Idem, p.249

Dezelfde ijzige zonneschijn. Gisteren liep ik tijdens zonsondergang naar de kerk. Fel verlichte muren van huizen, toppen van bomen. En een vluchtig gevoel, buitengewoon sterk, dat hier, vlak naast mij, samen met ons leven, een ander leven bestaat, waarvan de essentie volledig ligt in zijn verbinding met de 'ander', in zijn getuigenis en verwachting. Ik had hetzelfde gevoel in Boston, waar dikke sneeuw viel, als een verhaal waar niemand naar luistert.

Verbazingwekkend - in de natuur, in de wereld, alles beweegt. Maar in deze beweging (vallende sneeuw, takken verlicht door de zon, velden) onthult elk moment een goddelijke onbeweeglijkheid, een volheid, in een icoon van de eeuwigheid als leven.

Een andere vreemde gedachte: de hele wereld leeft op hetzelfde moment, de hele wereld leeft precies deze minuut, bezit deze minuut; voor de rest zijn het abstracte getallen op een kalender.

Donderdag 21 februari 1980 [142]

Gisteren, de eerste Liturgie van de Voorafgewijde Gaven; voor en na, veel biechtelingen. Ik probeer voor mezelf helder te krijgen wat de betekenis van biechten is zoals die bestaan en wordt beoefend worden. Ik kan de katholieke biecht begrijpen - overtreding van een wet. Maar ik moet de orthodoxe biecht dogmatisch (sacrament van bekering) en geestelijk verduidelijken. In de biecht is de metamorfose van de Kerk en van het christendom het duidelijkst zichtbaar. De Kerk is geboren als een realiteit in oppositie, uiterlijk zichtbaar - en nog meer, innerlijk onzichtbaar - tegen deze wereld. Deze metamorfose bestaat uit het feit dat de Kerk geleidelijk aan een religieuze dienst aan de wereld werd. In het begin was het sacrament van bekering gefocust op één ding: over het verraad aan de Kerk, verraad aan haar geïncarneerde en geopenbaarde werkelijkheid. Zonde werd beschouwd als een verraad aan het nieuwe leven, een uitvallen ervan. Zonde was een breuk, een overlopen, een verraad, heiligheid werd niet begrepen als een morele perfectie, maar als een ontologische

---

142 Idem, p.250

trouw aan Christus en Zijn Koninkrijk. De morele leer van de Kerk is eschatologisch, niet ethisch. Voor christenen is de essentie van de zonde het verraad van Christus, het afvallen van Hem en de Kerk. Het sacrament van bekering is dus een terugkeer, door berouw, belijdenis en spijt, naar het nieuwe leven, reeds gegeven, reeds geopenbaard. Tegenwoordig is de biecht daar niet op gericht; de essentie is anders. Het is gericht op een zekere morele regularisatie - orde op zaken stellen - van het leven, van zijn wetten. Met andere woorden, het sacrament van bekering begon als niet verwijzend naar een morele wet, maar naar geloof en naar zonde als een af-vallen van het geloof ("niemand die in Hem blijft zondigt..."1 Joh.3,6). Nu is de biecht vaak een gesprek over schendingen van morele wetten, over zwakheden en zondigheid, maar zonder verwijzing naar het geloof. En het antwoord gaat niet over Christus, maar over iets als: "Probeer meer te bidden, vecht tegen verleidingen..." Zoals alles in het christendom is het sacrament van bekering eschatologisch; het is de terug-keer van de mens naar het langverwachte Koninkrijk en "het leven van de komende wereld". Wat het is geworden, weet ik gewoon niet – en ik begrijp ook niet in welke 'categorie' deze absolutie van zonden valt na een paar minuten praten over iemands zwakheden. Ik weet het niet!

Lazaruszaterdag 29 maart1980 [143]

Eindelijk thuis! Teruggekomen na een eindeloze vlucht. Van Alaska blijft een gevoel over van blijdschap, licht, broeder-schap. Vandaag, een wonderlijk mooie Lazarusdienst in de overvolle seminariekerk. Een grijze dag met lichte motregen. Blijdschap, om thuis te zijn, in vrede. Nu begint het aftellen tot Liana's terugkomst – op maandag!! Ik ga haar bellen in Parijs.

Palmzondag 30 maart 1980 [144]

Gisteravond een prachtige Vigilie - onmogelijk te beschrijven! Overweldigend enthousiasme, vreugde, plechtigheid - een feest in de diepste zin van het woord. Ook de Liturgie van-

143 Idem, p.261
144 Idem

morgen: mijn meest geliefde Apostellezing: "Verheug u…"; opnieuw zal ik zeggen: Verheug u." (Fil.4,4). Een buitengewoon
feest. Van kinds af aan is alles in het leven verlicht door dat
feest.

Heilige Maandag 31 maart 1980 [145]

De laatste dag van maart: natte sneeuw, modder. Zal het me
lukken naar het vliegveld rijden waar Liana en onze dochter
Anya aankomen? Gisteren, de laatste dag van mijn eenzaamheid, bleek nogal 'werelds' te zijn. Ontbijt, lunch en thee met
gasten; diner bij de Meyendorffs. Dan Metten van de Bruidegom in een overvolle kerk. Prachtig koor.

In de *New York Magazine*, een artikel van A.Schlesinger jr.
over liberalisme en conservatisme; zeer intelligent en mijns
inziens bepaald waar. De overgang van het een naar het andere is een soort biologische cyclus. Een periode van activisme
wordt vervangen door een periode van vermoeidheid. Beide
zijn onontbeerlijk.

Weer een artikel over abortus. Sinds 1973, toen het Hoog-
gerechtshof van de V.S. abortus had gelegaliseerd, zijn er 9
miljoen abortussen legaal uitgevoerd. Dit is een oordeel over
onze hedendaagse wereld en haar humanisme, een zeker teken van een mystiek verval.
Ik lees verder in de Russian *Messenger* over Vader Sergius
Bulgakov, de theoloog.

Alles wel beschouwd is zijn theologie 'wispelturig', heel persoonlijk en in zekere zin emotioneel zodat ze waarschijnlijk
niet 'overleeft'. Naar mijn inzicht kan dat ook gezegd worden
van 'het Russische religieuze denken' - van Berdjajev, Floren-
ski, Rosanov. Bulgakov gebruikt een door en door Orthodoxe
terminologie, alles is een soort 'brokaat', tegelijk romantisch,
bijna subjectief. 'Mijn' theologie! - "Ziedaar! Ik zal de Orthodoxie mijn 'Sophia' opleggen. Ik zal iedereen laten zien waar
ze echt in geloven". En het werd aan niemand opgelegd, niet
omdat mensen onwetend zijn, maar omdat het onnodig is;
zoals Berdjajevs 'vrijheid' onnodig is. Ik zie in dit alles een

145 Idem

verlangen om te choqueren en indruk te maken. Het komt allemaal voort, misschien zelfs onbewust, uit een oorspronkelijke *keuze*: van het thema, de tonaliteit, de visie. Elke ketterij hangt af van zo'n soort eerste keuze; het is altijd een oplegging aan de Kerk van 'mijn' keuze. In Bulgakov's theologie is geen nederigheid. Wat hij ook aanroert, hij moet het onmiddellijk omvormen in zijn eigen idee, het op zijn eigen manier uitleggen. Hij mengt zich nooit met de Kerk; hij voelt *zichzelf* voortdurend in de Kerk. Hij legt de Kerk uit aan de Kerk; hij vertelt de Kerk wat er nodig is. Zijn theologie heeft dus alleen succes bij een kleine groep intelligentsia, want intelligentsia is hoe dan ook een hypertrofisch 'ik'.

Maandag 14 april 1980 [146]

Heilige Week! Pascha! Prachtige, onverdiende vreugdevolle dorstlessende dagen! L. en ik zijn net terug uit Vermont waar we twee dagen met de Solzjenitsyns hebben doorgebracht. Onze beste tijd samen. Elke spanning is verdwenen, elke voorzichtigheid, elk pantser. Eenvoudig, vriendelijk, als familie. Ik was meteen overladen met werk, nakijken, verifiëren van enkele punten. Een vreugdevolle Paasliturgie op Zondagochtend. Veel licht blijft er over van deze dagen en ook een gevoel van zijn grootsheid.

Terug naar het seminarie. Nog vijf weken - maar het voelt als vijfhonderd jaar ver! Na een jaar voel ik me 'uitgeteld'! En Solzjenitsyn tegen mij: "Schrijf voor Rusland!" - en zijn vrouw, Natasha: "Besef je hoeveel ze daar van je houden?" Maar terug achter mijn bureau voel ik mij overspoeld door veel kleine zorgen en bezigheden - als in een moeras.

Dinsdag 22 april1980 [147]

Faculteitsseminar met theologische discussies. Bijbelkritiek, het verband ervan de orthodoxe theologie, etc. Tijdens het luisteren dacht en voelde ik dat het allemaal de kern niet raakt, 'het' komt niet ter zake - maar wat is het punt en hoe men het onder woorden brengen?

146 Idem, p.262
147 Idem, p.263

Prachtige lentedagen. Transparant groen overal.

"... het Kruis van onze Heer Jezus Christus, door Wie de wereld voor Mij gekruisigd is, en Ik voor de wereld..." (Gal.6,14). Ik sprak er gisteravond over tijdens mijn college over het feest van het Kruis. Het Kruis is de aanvaarding van een onmogelijke roeping door God van de mens, van Zijn plan. Vanwege het Kruis worden religies van escapisme[148] enerzijds en van therapie anderzijds, uitgesloten. Ik gaf college en, voelde het heel sterk, vooral voor mijzelf.

---

148 Vlucht uit de werkelijkheid – Van Dale, Groot woordenboek hedendaags Nederlands /1984

HOOFDSTUK 9: 1981

Woensdag 11 maart 1981 [149]

Ik heb niet geschreven vanwege de grootste zorg van deze dagen: L.'s problemen op haar school. Gisteren besloot ze op 1 juli te vertrekken. Wat een bevrijding! Het was een ervaring van louter kwaad, – irrationeel, onmogelijk te begrijpen. Eindelijk verlichting van het vreselijke triomfantelijke kwaad dat door een onverklaarbare situatie werd gecreëerd. Ik heb zo met haar te doen, gekwetst als ze is in haar beste bedoelingen.

Van 5 tot 7 maart in Montreal voor een retraite georganiseerd door Vader John. Deze dagen telkens een grote, pure vreugde; ditmaal contact met goedheid en licht. Veel jonge mensen, wondermooie diensten. Dat alles in de Canadese wildernis, vlakbij Montreal. Rustige, witbesneeuwde kloostertuin. Wandelingen op de begraafplaats met smalle rijen graven van de zusters.

Vandaag de derde dag van de Grote Vasten. Studentenretraite op het seminarie. Vandaag tijdens de twaalf prostraties tijdens het "Heer en Meester van mijn leven"[150] voelde ik duidelijk dat ik zondig ben met alle hoofdzonden.

Vrijdag 10 april 1981 [151]

Schrijven tussen de reizen door. Gisteren, in Terryville, biechtgehoord van geestelijken. Ik was de enige die diende in de Liturgie van de Voorafgewijde Gaven, en dat was, na onze gebruikelijke menigte in de seminariekapel, nogal ongebruikelijk. Ik sprak over de vreugde en het verdriet van het priesterschap en had daarna een vriendschappelijk diner

---

149 The Journals, , p.288
150 Vastengebed van Efraïm de Syriër. Zie Alexander Schmemann, Great Lent, 2.2
151 The Journals, p.288

met andere priesters bij Vader Koblosh thuis. Contact met de essentie van de Kerk.

Ik ben erheen gereden op een regenachtige dag, volop lente evenwel, en ik bedacht hoe veel ik van dit Amerika van oude 'gedateerde' steden houd, en hoeveel herinneringen ik hier in de afgelopen dertig jaar heb verzameld.

Vandaag de Akathist van de Theotokos, die ik moet missen vanwege mijn vlucht naar Pittsburgh.

Maandag 13 april 1981[152]

Gisteren, zondag, heb ik onze belastingopgave gedaan, daarna Serge's verjaardag gevierd: 36 jaar oud.

Hun vertrek naar Moskou – wederom afscheid – komt dichterbij, en is heel droevig.

Vrijdagavond retraite in Pittsburgh. Heldere indruk van Vader Matsko, van mensen die duidelijk 'hongerig en dorstig' zijn. Zoals gebruikelijk, grote vreugde vanwege het contact met de mensen uit Pittsburgh, met dit bijzondere Amerika van de immigranten, hun kerken – niet mooi, maar wel ontroerend. Alles is nogal vormloos: huizen, straten, gebouwen; maar dan voel ik een mysterieuze vrolijke wind die over dit alles waait. Heel wat lijden, en heel wat gebeden. En, ondanks de beperkingen van die orthodoxie, hoeveel authentieker is alles dan in de nieuwe aseptische voorstedelijke parochies!

Ik weet heel goed dat ik voordat ik sterf mijn Eucharistie[153] moet voltooien, omdat ik in dat boek moet spreken over de ervaring van de Kerk, theologie, woorden (theologie als het begrip van het onbegrijpelijke, niet de verklaring ervan), onthuld in de ervaring van de Kerk, de ervaring die woorden tot leven brengt. Mijn ongeluk is echter dat ik in beslag wordt

---

152 Idem, p.289
153 Oorspronkelijke Russische titel: Evkharistiia (YMCA Press, Parijs / 1984). De Nederlandse vertaling vanuit het Engels verschijnt de komende jaren. Vandaar dat deze dagrapportage hier toch is opgenomen (voetnoot vert.).

genomen door bescheiden verplichtingen, waarvan ik niet het recht heb ze te weigeren. Het is dus aan God. Indien nodig zal ik het schrijven. Als het niet nodig is, als ik het niet waard ben, doe ik het niet. Zo simpel is het!

Vrijdag 17 april 1981 [154]

Vanochtend hebben we Serge en zijn hele gezin naar het vliegveld gereden voor hun vlucht naar Moskou. Ik kan maar niet wennen aan het feit dat mijn zoon zal leven en werken in Moskou.

Laatste dag van de Grote Vasten. "Morgenochtend komt Christus om zijn overleden broeder op te wekken."

Heilige Maandag 20 april 1981 [155]

De Lazaruszaterdag- en Palmzondagvieringen waren bijzonder vreugdevol. Op Palmzondag de doop van de kleine Andrew Drillock. En de Brief der Brieven: "Verheug u...en nogmaals, zeg ik u, Verheug u!" Het Koninkrijk van God is daadwerkelijk onder ons, in ons. Maar waarom heeft het, afgezien van een kortstondige vreugde, niet meer effect? Hoeveel woede, wederzijdse marteling, belediging. Hoeveel - zonder overdrijving - verborgen geweld. Wat wil de mens? Waar dorst hij naar? Als hij het niet krijgt, wordt hij tot een slecht persoon omgevormd, en als hij het wel krijgt, maakt het hem hongerig naar meer. Hij wil erkenning, dat wil zeggen 'eer van elkaar'. Om 'iemand' te zijn voor de ander, voor anderen, 'iets': een autoriteit, macht, voorwerp van afgunst, enzovoort. Hier is, denk ik, de belangrijkste bron en essentie van trots. En deze hoogmoed verandert broeders in vijanden; het doodt de vreugde waartoe de Brief van gisteren ons oproept.

In de Kerk, omdat het een microkosmos is en omdat zij geroepen is om in deze wereld het Nieuwe Leven te openbaren, in de Kerk waarvan het leven, de bron, de essentie niet hoogmoed is, maar liefde (van je vijanden) - wordt alles bijzonder zichtbaar. Buiten de Kerk, in 'deze wereld', is hoogmoed - maar

154 The Journals, p.289
155 Idem, p.289

ook dood, macht, lust - geoorloofd. Vormen worden voor hen gevonden die ze sublimeren en transformeren tot een goed gefundeerd fenomeen. Vandaar, de ophef tegenwoordig over 'rechten', democratie, enzovoort. De belangrijkste bewegende kracht is tegenwoordig niet 'vrijheid' zoals men gewoonlijk denkt, maar gelijkstelling. Het is een hartstochtelijke ontkenning van hiërarchie in het leven, in het geheel niet de verdediging van het recht van eenieder om zichzelf te zijn, maar een onbewuste bevestiging dat in wezen allen hetzelfde zijn, dat wil zeggen, er zijn geen 'eersten', geen onvervangbaren, geen unieken, geen geroepenen.

Niettemin, in onze gevallen wereld zijn rechten en democratie relatief goed, ze zijn een relatieve regularisatie van ieders strijd tegen iedereen. Ze zijn alleen slecht als hun relatieve kenmerken verdwijnen en worden 'vergoddelijkt' zodat ze goed zijn in een totalitaire racistische regering, maar worden een kwaad zo gauw ze zegevieren en een doel op zich worden, dat wil zeggen een afgod. Ze worden een afgod zodra ze ophouden een verdediging van de zwakken te zijn en worden een instrument van gelijkstelling en dus van geestelijke ontmenselijking; uiteindelijk van trots.

In de Kerk zijn rechten, gelijkstelling en gevechten niet van toepassing, omdat de Kerk geen andere wet kent dan de wet van de liefde; of liever gezegd de liefde zelf. Als liefde wordt ontkend of verzwakt, als iemand afvallig is van liefde, is het trots (begeerte van vlees, begeerte van de ogen, wereldlijke trots - 1Joh 2,16). In een leven van liefde als leven van God is er geen hoogmoed. De Vader is altijd de Vader, maar Hij geeft alles aan de Zoon. De Zoon eist niet het recht op om de Vader te zijn en is eeuwig de Zoon, en de Heilige Geest is Leven zelf, Vrijheid zelf ("De wind blaast waarheen hij wil"- Joh.3,8), is Liefde zelf van de Vader naar de Zoon en van de Zoon naar de Vader, de goddelijke gave van zichzelf en gehoorzaamheid. God geeft die liefde, God maakt de mens tot deel van die liefde en die gemeenschap is de Kerk. Er zijn dus in de Kerk geen rechten, noch een verband met die rechten, geen gelijkstelling. Geen gelijkstelling en zodoende geen vergelijking, wat de belangrijkste bron van trots is. De oproep tot perfectie gericht aan iedere mens, is de oproep zichzelf te vinden, maar niet door te vergelijken, evenmin door zelfanalyse (wat ligt er in mijn mogelijkheden?) maar door jezelf in God te vinden. Vandaar een paradox: men kan zichzelf alleen vinden door zichzelf te verliezen en dat betekent in het volledig identificeren van zichzelf met Gods roeping, met het plan voor zichzelf zoals dat niet in zichzelf geopenbaard is, maar in God!

Liefhebben - jezelf en anderen - met Gods liefde: hoe nodig is dit in onze tijd, waarin liefde bijna volledig verkeerd wordt begrepen. Hoe profijtelijk zou het zijn om zorgvuldiger en dieper na te denken over de radicale eigenaardigheid van Gods liefde. Het lijkt mij soms dat de eerste eigenaardigheid haar wreedheid is. Het betekent - mutatis mutandis - de afwezigheid van de sentimentaliteit waarmee de wereld en het christendom die liefde gewoonlijk hebben geïdentificeerd. In Gods liefde is er geen belofte van aards geluk, geen bezorgdheid ervoor. Eerder is die liefde volledig onderworpen aan de belofte en de bezorgdheid voor het Koninkrijk van God, dat wil zeggen het absolute geluk waarvoor God de mens heeft geschapen, waartoe hij de mens roept. Dus, het eerste essentiële conflict tussen Gods liefde en de gevallen menselijke liefde. "Hak je hand af", "ruk je oog uit",[156] "laat je vrouw en kinderen achter"[157], "volg de smalle weg..."[158] het is allemaal zo overduidelijk onverzoenbaar met geluk in het leven. Dit is wat deze wereld van totale liefde heeft afgesloten en wat het met haat heeft gevuld. Maar - en dat is zo belangrijk - de wereld werd afgesloten toen in de Kerk zelf iets veranderde, iets werd "afgesloten". Maar daarover zou ik wellicht een andere keer kunnen schrijven. Ik moet nu naar de kerk en deelnemen aan de Heilige Week...

Heilige Dinsdag 21 april 1981 [159]

Wat heeft het christendom verloren zodat de wereld, opgevoed door het christendom, er afstand van genomen heeft en een oordeel is gaan vellen over het christelijk geloof? Het christendom heeft vreugde verloren - geen natuurlijke

---

156 Mt 18, 8-9
157 Mt.10,37-39
158 Lc.13,24
159 The Journals, p.291

vreugde, geen vreugde-optimisme, geen vreugde wegens aards geluk, maar de Goddelijke vreugde waarover Christus ons vertelde dat "niemand uw vreugde van u zal afnemen" (Joh.16,22). Alleen deze vreugde weet dat Gods liefde voor de mens en de wereld niet wreed is; zij weet het omdat die liefde deel uitmaakt van het absolute geluk waarvoor wij allen geschapen zijn. Het christendom (niet de Kerk in zijn mystieke diepte) heeft zijn eschatologische dimensie verloren, heeft zich tot de wereld gekeerd als wet, oordeel, verlossing, beloning, als een religie van het toekomstige leven; uiteindelijk verbood het vreugde en veroordeelde geluk. Er is hier geen onderscheid tussen Rome en Calvijn; de wereld rebelleerde tegen het christendom in de naam van aards 'geluk'. De inspiratie van de wereld, al haar dromen, utopieën en ideologieën (moet het echt bewezen worden?) zijn in wezen een aardse eschatologie. De paradox van de geschiedenis van het christendom: nadat het niet langer eschatologisch was, maakte het de wereld eschatologisch.

De wereld is geschapen door geluk en voor geluk en alles in de wereld profeteert dat geluk; alles roept ertoe, getuigt ervan omwille van zijn broosheid. Aan de gevallen wereld die dat geluk heeft verloren, maar ernaar verlangt en er - ondanks alles - naar leeft, heeft het christendom zich geopend en het geluk teruggegeven; heeft het in Christus vervuld als vreugde. En het vervolgens weggewuifd. Zodat de wereld het christendom (de christelijke wereld) begon te haten en terugging naar haar aardse geluk. Maar vergiftigd door de ongelooflijke belofte van een absoluut geluk, begon de wereld het op te bouwen, er dichter naar toe te komen, het heden te onderwerpen aan dit toekomstige geluk.

Nu het christendom, om zijn plaats in de wereld en in de geschiedenis terug te winnen, deze aardse eschatologie aanvaardt, begint het zichzelf en anderen ervan te overtuigen dat het altijd naar dit aardse geluk streefde, dat noch Christus noch de Kerk ooit iets anders hebben onderwezen.

Het christendom is verdeeld tussen de conservatieven (verlangend naar een religie van wet en compensatie) en de progressieven (die een toekomstig geluk op deze aarde dienen).

Wat interessant is, is dat beide groepen niets zo haten als een oproep tot vreugde, ter herinnering aan een grote vreugde die wordt aangekondigd en gegeven aan het begin van het Evangelie, hetgeen het leven van het christendom is ("Verheug u in de Heer, en opnieuw ik zeg u Verheug u"), waar het christendom zo naar verlangt. Sommigen zeggen: "Hoe kan men zich verheugen als miljoenen lijden? Men moet de wereld dienen". Anderen zeggen: "Hoe kan iemand zich verheugen in een wereld met zoveel kwaad?" Ze begrijpen niet dat als de Kerk slechts één minuut (zoals dat in het geheim duurt en verborgen is in de heiligen) de wereld heeft overwonnen, de overwinning werd behaald door Vreugde en Geluk.
Het doodlopende einde van de wereld met zijn 'vooruitgang'. Het doodlopende einde van de religie met zijn wetten en therapieën. Christus heeft ons uit beide doodlopende wegen gehaald. De Kerk viert het eeuwig, en mensen verwerpen het als eeuwig en zijn er doof voor.

> *"Ik ga naar Mijn Vader en naar uw Vader naar Mijn God en uw God, en Ik zal u opheffen naar de berg in Jeruzalem in de hoogte, naar het Koninkrijk der Hemelen..." (Heilige Week stichier).*

Heilige Donderdag 23 april 1981 [160]

Christendom is prachtig. Maar juist omdat het wonderbaarlijk, volmaakt, vol, waar is, is zijn aanvaarding boven al het andere de aanvaarding van zijn schoonheid, d.w.z. zijn volheid, goddelijke volmaaktheid; terwijl in de geschiedenis de christenen zelf het christendom hebben gefragmenteerd, het op zijn gaan vatten en het zijn gaan aanbieden aan anderen 'in delen', vaak in delen die niet met het geheel verbonden zijn. Door onderricht over sommige zaken, sommige leerstellingen. Maar in deze gefragmenteerde staat verliest het christendom het essentiële, want het is de betekenis van elk deel om ons tot deelnemers van het geheel te maken.

---

160 Idem, p.292

***Heilige Zaterdag 25 april 1981** [161]*

Ik schrijf voordat ik vertrek naar mijn meest geliefde van alle geliefde vieringen: de *Liturgie van Doop en Pascha van de heilige Basilius de Grote*, wanneer "het Leven slaapt en Hades huivert..." Ik schrijf slechts om het nog een keer te zeggen. Het is de dag van mijn bekering - niet van ongeloof naar geloof, niet van 'buiten de Kerk' naar 'Kerk'. Nee, een innerlijke bekering van het geloof, binnen de Kerk, tot wat de schat van het hart vormt - ondanks mijn zonden, luiheid, onverschilligheid, ondanks een voortdurend bijna bewust wegvallen van die schat, ondanks nalatigheid, in de letterlijke zin van het woord. Ik weet niet hoe, ik weet niet waarom - echt alleen door Gods genade - maar Heilige Zaterdag blijft het middelpunt, het licht, teken, symbool, en gave van alles. "Christus – het Nieuwe Pascha..." En op dat Nieuwe Pascha, zegt iets in mij met vreugde en geloof: "Amen".

***Stralende maandag 27 april 1981**[162]*

Wonderbaarlijk Pascha: vrolijke, plechtige, heldere lentedagen. Een menigte jonge mensen, die Pascha met zoveel kracht vieren; met hun hele wezen. Na een lange zaterdag en een lange nacht komt dezelfde menigte naar de zondagse Pascha Vespers en vandaag naar de Liturgie.

Paasavond doorgebracht in de vrolijke luidruchtige kring van onze kleinkinderen bij de Hopko's. Serge en Mania belden vanuit Moskou. (Vandaag in de New York Times zijn artikel over Pascha in Moskou). Masha en Vader John belden, enthousiast over hun Pascha in hun Montrealse parochie.

Bij het naderen van mijn 60e verjaardag denk ik voortdurend aan de verschillende componenten van mijn leven, aan de lagen, periodes, omstandigheden die een synthese vormen, mocht deze er zijn! Ik denk na over wat overblijft, wat op de een of andere manier een rol heeft gespeeld, wat op een verborgen niveau leeft, wat altijd een deel van het heden en daarin actief is.

161 Idem, p.293
162 Idem, p.293

*Vroege jeugd,*1921-1929: Estland, waar ik geboren ben. Belgrado en een jaar in Parijs vóór de Cadettenschool. Ik herinner mij heel weinig, een paar gevallen. Dan....

*Cadettenschool,*1929 -1936: Jeugd en vroege adolescentie. Heel belangrijk - Rusland, geboorte van een tweeledige ervaring van het leven. Ook de Kerk (Vader Zosima, Vader Savva); literatuur en poëzie (Generaal Rimsky-Korsakov, hoofd van de school, en zijn voorlezen uit zijn notitieboek met gedichten, die wij uit het hoofd moesten leren).

*Parijs en Frankrijk,*1936-1940: Lycée Carnot (middelbare school). Leven thuis en tegelijkertijd, Rue Daru (de St.Alexander Nevsky Kathedraal), dienend, kerkelijk leven.

*St.Serge Theologisch Instituut,*1940-1951: Studies, huwelijk, eerste parochie in Clamart, theologie.

Amerika: (a) New York. Florovsky en het seminarie. Russische New York literaire kring bij ons thuis, maandelijkse lezingen in het Russisch, zomers in Bridgehampton, zomers in Labelle, nieuwe vrienden. (b) Crestwood, Orthodox Amerika, Solzjenitsyn...

Het heden: boeken, dromen. Het verleden, de toekomst – synthese.

Toen ik erover nadacht, bleek mijn leven, letterlijk tot in de kleinste details, zoals ik het wilde, zoals ik het visualiseerde (zoals ik droomde, nogal verveeld, vanachter mijn lessenaar in het Franse *lyceum*). Mijn leven bleek in wezen harmonieus (de Kerk) maar ook met vele gezichten, veelgelaagd (Carpatho-Russisch Ohio; Solzjenitsyn Rusland; Frankrijk, Amerika). Waar moet ik bij uitstek dankbaar voor zijn (naast de gave van het leven zelf)? Voor *vrijheid van idolen.* Voor een constant gevoel in het leven van de Ander, van het meest belangrijke aanwezig in alles, maar niet geïdentificeerd met van alles, voor *vreugde.* Waar moet ik in eerste instantie berouw over hebben? Zelfbehoud, ontsnappen aan heldendom en lijden, onverschilligheid, compromis dus.

Hoofdstuk 10: 1982

Maandag 1 maart 1982 [163]

Grote Vasten

Gisteren was het Vergevingszondag met zijn vieringen en pre-ken. Hoe lastig is het om door de gebruikelijke termen heen te breken tot de ware essentie van vergeving - vergeving als een goddelijke scheppende 'gebeurtenis'. Wat betekent het: "God zal vergeven?" In de Kerk staat men voortdurend in contact met iets wezenlijks, ultiems; of beter gezegd, dit essentiële heeft een greep op je. Maar al snel, helaas, valt men eruit...!

Dinsdag 2 maart 1982 [164]

De eerste dag van de Grote Vasten

Een lange Metten en, zoals gewoonlijk, verbazing over de kracht, de schoonheid, de buitengewone verheffing van de Psalmen en vervolgens van de Oudtestamentische hymnen. Gisteren zongen wij de eerste - het Lied van Mozes. Daar is de levende God en het 'ik' die het uitschreeuwt tot de edelmoe-dige Heer - de levende mens, de hele mens, alles in hem. De hele wereld is opgenomen in deze lofprijzing, deze strijd, de wanhoop, de vreugde!

's Avonds de Canon van de heilige Andreas van Kreta. Nog-maals, ik ben ervan overtuigd dat het onmogelijk is om het te vertalen voor de hedendaagse mens. Oosterse Orthodoxie blijft en kan niet niet vreemd blijven voor de westerse manie-ren die dominant zijn in de wereld. Ontmoeting met het Wes-ten, bekering van het Westen, kan plaatsvinden door contact met de Bijbel en de Eucharistie; en op geen enkele manier door contact met de Byzantijnse mysteriologie.

---

163 The Journals, p.314
164 Idem, p.314

Gedurende de dag heb ik enkele uren uiterst intensief nagedacht over de *epiclese* en de problemen ervan. Meer en meer ben ik ervan overtuigd geraakt dat de wortel van het kwaad waarover ik schreef (d.w.z. de isolatie van de Eucharistie van haar eschatologische, dus kosmische en historische betekenis) niet in het Westen ligt, maar in Byzantium, in het onverteerde platonisme, in de platonische ketterij over tijd.

In de *New York Times* staan bijna elke dag artikelen van mijn zoon Serge. Waar haalt hij zijn onoverwinnelijke geestelijke gezondheid vandaan, zijn kennis van hoe hij echt objectief, waarheidsgetrouw, eerlijk kan zijn?

Woensdag 3 maart 1982 [165]

Koud, zelfs ijskoud, maar al een lentezon. Ik ben opnieuw begonnen te werken aan 'Sacrament van de Heilige Geest'[166] sinds het zo absoluut duidelijk was geworden dat ik tot dusver op de verkeerde weg zat. Misschien heeft de antithese van Oost-West (Westerse ketterij, Westerse benadering, Westerse categorieën) niet zo'n universele efficiëntie, enkan het en mag het niet hebben. Wat mij betreft voel ik elk jaar meer en steeds sterker mijn eigen Westers zijn- niet metafysisch, niet dogmatisch, maar in het Westen voel ik me thuis, terwijl ik de indruk krijg dat het Oosten hopeloos verstrikt raakt in zichzelf. Gisteren had ik dit gevoel tijdens het luisteren naar de Canon van de heilige Andreas van Kreta. Deze stroom van woorden, deze stortvloed aan allegorieën, metaforen, verschillende ornamenten is tamelijk vermoeiend. Maar af en toe komt er een eenvoudige, diepe, heldere gedachte als een briesje op een hete vermoeiende dag. Een Orthodox iemand zal niet zeggen, zal niet erkennen dat Orthodoxie decadent kan zijn, dat een groot deel van de zware volumes van het liturgische <u>Menaion</u> bestaat uit imitatie en vaak betekenisloze

165 Idem, p.314

166 Vader Schmemann heeft het hier over hoofdstuk 11 van zijn boek over de Eucharistie (Zie voetnoot 147). Zijn intentie met dit boek is om de kern van de eucharistische liturgie terug te vinden en deze minstens te ontdoen van westerse theologische concepten, die ontwikkeld zijn vanaf de Middeleeuwen door de stroming van de Scholastiek enerzijds en anderzijds wil hij tevens allerlei in het Oosten ontstane vroomheidsaanslibsels ter discussie stellen.

retoriek. Een Orthodox iemand zal die gedachte alleen al veroordelen als ketters en zondig. Zo worstelt iemand die dicht-
bij de Kerk komt, die kerkelijk is geworden, voortdurend met
het passen van een veel te klein kledingstuk dat niet zijn maat
is, terwijl hij zichzelf voorhoudt dat hij gelijk heeft en iedereen veracht die nog niets in twijfel trekt, maar dat toch zou
kunnen doen. Zo iemand verbrandt gemakkelijk wat hij aan-
bad, vertrekt en gooit alles weg.

Biechten. Goede jongens, goede meisjes. Maar men voelt een
voortdurend ingedrukt pedaal, een onvermogen om een eenvoudige, duidelijke visie te hebben, een overdreven belang
dat aan zichzelf wordt gegeven. Ze spreken niet over zonden,
maar over mislukkingen; een woord dat doordrongen is van
hoogmoed, sprekend over je eigen succes en niet over Gods
succes in jezelf.

Zaterdag 6 maart 1982 [167]

Ik ben net terug van de eerste Vasten Zaterdag Liturgie en
voelde de bijzondere vreugde van deze Zaterdagen die mijn
moeder altijd met mij deelde.

Troost! Twee brieven: één van de president van Syndesmos[168]:
"...Ik wil u verzekeren, Vader, van het immense plezier om u te
kennen na uw geschriften vele malen herlezen te hebben. Het
profetische aspect..." etc. - te lui om verder te kopiëren. En
een andere van een vrouw uit Israël: "Slechts een paar regels
om u te bedanken voor wat u deelt..." En ga zo maar door... En
een telefoontje om me te bedanken voor een hoofdstuk uit
Great Lent. Wat zal ik zeggen? Het is erg aardig!

---

167 The Journals, p.315
168 De World Fellowship Syndesmos of Orthodox Youth is de enige wereld-
wijde orthodox-christelijke jongerenorganisatie.

Zondag 7 maart 1982[169]

Triomf van de Orthodoxie

Gisteren ontving ik van de Kanselarij een dik pakket met verslagen voor de Bisschoppensynode van de verschillende departementen, commissies, penningmeesters en anderen. Wij hebben dus blijkbaar bereikt waar wij van droomden. Wij zijn erin geslaagd de Kerk te reduceren tot een succesvolle bureaucratie, bestuur, tot een papieren waterval, allemaal nogal saai. Bureaucratie is duur (vergaderingen, reiskosten, secretariële uitgaven). Het pathos van deze bureaucratie is dus vooral gericht op het financiële aspect. Maar de financiële technieken eisen mensen, specialisten in bezwaarschriften en fondsenwerving. Vandaar, men heeft meer geld nodig. Een vicieuze cirkel - 'bureaucratisering van charisma'. Na een frisse wind, die door onze Kerk leek te waaien, is de normalisatie begonnen.

Elke natie heeft zijn eigen totem, een systeem van symbolen, van archetypen, symbolische taal en zijn eigen specifieke centrum. In Frankrijk is deze totem politiek; politieke essentie en muziek, niet per se ideeën. In Amerika vloeit dezelfde muziek voort uit het woord 'business'. Voor Amerikanen is het niet prozaïsch maar integendeel romantisch, esthetisch, de schat van het hart. In de lounge van de grote investeringsmaatschappij Brown Brothers is er een luxe editie van de geschiedenis van de bank te zien. Het is geschreven in een toonaard van *mysterium tremens*[170], zoals de geschiedenis van de Kruistochten of de Orde van Trappisten zou kunnen worden beschreven. Het woord 'business' is van een sacramentele categorie en tonaliteit. Daarom wordt de transformatie van de Kerk in een 'bedrijf' niet als profanatie gevoeld. Het is de

169 The Journals, p.315. Zondag van de Triomf van de Orthodoxie is de eerste Zondag van de Grote Vasten.

170 Met het 'mysterium tremens' (Gr./Lat.) wordt in de kerkelijke tradities de geloofservaring geduid als iets dat 'schrik en beven' oproept in het hart van de mens. Geloof heeft iets dubbels: zowel iets fascinerends ('mysterium fascinosum') als iets aanstootgevends. Rudolf Otto heeft in zijn hoofdwerk 'Das Heilige' deze beide mysteries aangeduid als de grondkenmerken van wat hij noemt het 'numineuze', het goddelijke irrationele handelen dat het rationele menselijke denken overstijgt.

enige bekende sacramentele taal. Ik schrijf dit zonder enige ironie, want geld heeft inderdaad een sacramenteel karakter en de Kerk heeft het inderdaad nodig. De hele vraag is alleen hoe geld wordt verdiend en waarvoor; of beter gezegd, wat er met geld in de Kerk gebeurt. En nu kunnen wij zien wat er met de Kerk gebeurt als zij haar taal en haar essentie aan geld onderwerpt.

Zaterdag 20 maart 1982 [171]

Vanmorgen kwam ik terug uit Washington. Op vrijdag vierde ik een Liturgie van de Voorafgewijde Gaven en heb een lezing gegeven. Veel jonge mensen. 's Middags ging ik korte tijd naar de National Gallery om de Rembrandts te zien. Lente en feest in de lucht. Na de lezing werd mij gevraagd mijn boeken te signeren. Wat een vreugde! Iemand las het, vond het leuk, het was nuttig. Ik denk dat deze vreugde - bijna - zonder ijdelheid is. Ik zeg 'bijna' omdat ik er zeker van ben dat er toch ergens wat ijdelheid is. Maar de eerste golf van vreugde is vrij zuiver.

Zaterdag 3 april 1982 [172]

Akathist tot de Moeder Gods

"De terugkeer naar God" - er wordt steeds meer over geschreven, een religieuze opleving. Het lijkt erop dat men zich moet verheugen. Maar ik voel geen vreugde. Ik schreef gisteren over N. (die zijn gezin verliet om Christus te volgen). Hij is helemaal geen uniek geval. 'Terugkeer', degene die ik zie, is een soort emotionele golf, pseudo-mysticisme, fanatisme en ten slotte haat: haat gericht tegen de wereld, haat tegen degenen die anders denken, sektarisme en pseudo-spiritualiteit. Degenen buiten het christendom vluchten in het Boeddhisme of in een of ander saai mysticisme.

De reden voor deze 'terugkeer naar God' is natuurlijk de ineenstorting van het rationalisme, de ineenstorting van het dwaze optimisme en de utopieën die het resultaat zijn van het rationalisme, zodat 'ze naar de bergen vluchten'. Mensen

---

171 Idem, p.318
172 Idem, p.321

nemen hun toevlucht tot elk '*credo ad absurdum*'[173], tot elk *typikon* of Talmoed[174], elke 'spiritualiteit'. Wat typerend is dat hoe hoger iemand is opgeleid, hoe meer hij heeft geproefd van rationalisme en positivisme en hoe meer hij kiest voor dwaze religiositeit. In Amerika schieten verdachte kluizenarijen met nogal nietszeggende charismatici als paddenstoelen uit de grond, waarin iedereen iedereen veroordeelt en de ander probeert te overtreffen.

Dit alles is niet alleen niet vreugdevol, maar vooral beangstigend – een atmosfeer van vreugdeloze, paniekerige apocalyps. Dit is wat al deze neoreligieuze mensen niet begrijpen: ja, rationalisme, positivisme, optimisme is ingestort en is ingestort door het dienen van de duivel. Maar zonder wijsheid is christendom geen christendom meer een anti-christendom. De Kerkvaders waren nooit tegen wijsheid en rede, en noch de Kerk, noch het christendom vochten zo hardnekkig tegen iets als valse mystiek, als pseudo-maximalisme (docetisme, manicheïsme, montanisme, donatisme, enz.). Het christendom - om het simpel en precies te zeggen - vocht met religie, met religiositeit per se en verloor de strijd toen het zichzelf - in de Middeleeuwen - transformeerde in een 'religie' (vgl. LeCoffs boek over het Vagevuur). En dit extreem bracht het tegenovergestelde extreem - rationalisme - en zijn nazaat, het humanisme. Het christendom heeft deze waarheid over zichzelf nog niet ontdekt, heeft het niet geaccepteerd. En nu verwelkomt het christendom met vreugde de 'religieuze opleving'.

Zo verbazingwekkend, zo vreugdevol als de Akathist voor de Theotokos gisteren klonk! "Verheug u, gij vol stralende vreug-

---

173 'Credo quia absurdum' is een Latijnse uitdrukking, die betekent: «Ik geloof omdat het absurd is». De uitdrukking wordt toegeschreven aan kerkvader Tertullianus. In zijn werk De Carne Christi zegt hij dit niet, maar wel gebruikt hij een soortgelijke verwoording (De Carne Christi V, 4) – bron: Wikipedia, 14-11-2022.

174 Talmoed is de joodse 'studie van de studie', zoals Elie Wiesel het definieert aan het begin van zijn boek 'Mijn liefde voor de Talmoed – portretten en legenden van joodse wijsheid' (Kok-Kampen, 2005). Vader Alexander bedoelt met zijn verwijzing dat mensen ook tot het jodendom hun toevlucht nemen, zonder zich te beseffen waar ze mee bezig zijn.

de..." Hoe weinig van die vreugde schijnt er over de wereld en hoe vaak verraden wij het niet.

Donderdag 8 april 1982 [175]

Op dinsdag - een verblindende sneeuwstorm - ongehoord in april. Een deken van sneeuw en vrieskou.

Gisterochtend werd ik gebeld door Bruce Rigdon[176] in Chicago, die mij in 1963 aanspoorde om For the Life of the World[177] te schrijven. Hij is een belangrijke man in het oecumenisme en in de Presbyteriaanse Kerk geworden. De Presbyterianen zijn nu – zegt hij – hun onderricht over de sacramenten en in het bijzonder de Doop, aan het herzien. Hun belangrijkste hulp daarbij is mijn Of Water and the Spirit[178]. Hij nodigde mij uit om naar een conferentie in oktober te komen waar de herziening 'op hoog niveau' zal worden bediscussieerd. Hij zegt dat hij voortdurend mijn boeken aan het herlezen is en dat ze zijn theologische bewustzijn hebben veranderd en bepaald.

Zulke troostvolle woorden - het is echt vreemd – bereiken mij terwijl ik zelf, zoals de afgelopen dagen, nogal ontmoedigd ben. Ik ben ontmoedigd vanwege geruchten dat ik, zogenaamd, het seminarie verlaat; dat ik bijna op het punt sta naar Parijs te gaan! Ik weet dat het allemaal onzin is, maar ik voel me behoorlijk in de war. Ik heb een vreemd voorgevoel van een naderende botsing. Ik weet en ik begrijp dat het allemaal goed is, het is God die naar mij wijst om mijn trots te kennen, mijn gewoonte om 'belangrijk' te zijn, zo niet 'uniek'. Ik voel zelfs een soort bevrijding. Maar de oude Adam in mij

---

175 Idem, p.322. Zie ook voetnoot 3.
176 Op You Tube is een lezing te zien door dominee Dr.Bruce Rigdon getiteld "The Religious Dimensions to Russia's Invasion of Ukraine" (23 maart 2022), waarin hij de geschiedenis van Rusland in zijn verhouding tot het Westen uitlegt als het herontdekken van de Slavische identiteit en cultuur. Duidelijk is dat hij een grote liefde voor en kennis van de Orthodoxie heeft.
177 Zie de lijst van publicaties van Vader Alexander Schmemann achter dit boek. For the Life of the World is geschreven al seen inleading tot het geloof voor studenten, maar vond al heel snel een veel breder publiek tot Vader Alexanders eigen verbazing.
178 Zie wederom de publicaties achterin.

is bedroefd en gekwetst. En dan stuurt God troost. Kijk, je hebt niet voor niets geleefd... zelfs Presbyterianen...!

Een ware marteling, mijn Eucharistie-boek. Ik weet precies wat ik wil zeggen, maar zodra het tot 'hoe' komt, raak ik voortdurend op een dood spoor.

Een groeiende botsing tussen Engeland en Argentinië. Als in een sprookje trekt een Britse vloot naar de door Argentinië bezette Falklandeilanden. Argentinië heeft de eer van Engeland beledigd; Engeland vecht voor zijn eer. Dwaas om te zeggen, maar ik ben best blij! Wanneer hoorden wij voor het laatst over eer - en niet over handel en olie? Het is alsof je in plaats van Freud en andere psychopaten een oude avonturenroman zou lezen. Ik ben helemaal voor Engeland en ik ben alleen bevreesd of ze genoeg uithoudingsvermogen zullen hebben.

L. vertelt over Rusland, Moskou, Leningrad - verwantschap, bloedverwantschap met Rusland en tegelijkertijd afschuw ...!

Vrijdag 9 april1982 [179]

Einde van de Grote Vasten - Lazarus

Terwijl ik op zoek was naar een passage in het Evangelie van Johannes, las ik in Christus' laatste toespraak tot zijn discipelen Zijn troost. Zij zullen Christus niet meer zien, en "zo zal uw hart vervuld zijn van droefheid". Maar "Ik zal u niet verweesd achterlaten. Ik kom naar u toe..." (Joh.16) - als een bliksemschicht. Alles in het christendom hangt af van liefde voor Christus. De dood is de ontmoeting met Hem en dus is het allemaal vreugde! Maar, o God, hoe ver zijn wij van die liefde verwijderd - Zijn liefde die de dood versloeg, de liefde die de dood in ons verslaat.

---

179 The Journals, p.323

Heilige Maandag 12 april1982 [180]

Palmzondag: het Feest van het Koninkrijk, het feest van de heerschappij. Alles is zo duidelijk gedurende dit feest. Alles van de Heilige Week is een openbaring van het Koninkrijk. De Intocht van de Heer in Jerusalem is de openbaring van de Koning. Het Laatste Avondmaal – de openbaring van het Koninkrijk. Het Kruis – de heerschappij, de overwinning van de Koning. Pascha – het begin van het eeuwige Overgang[181], het binnentreden in de hemel. "En Hij opent voor ons de poorten van het Paradijs..."

Ik vind het steeds moeilijker om contact te maken met mensen die onvermijdelijk kieskeurig zijn in het leven: beslissingen, gesprekken, plannen. Steeds meer snak ik naar 'onbeweeglijke tijd'. Vanaf de plek waar ik in het heiligdom sta als ik niet dien, zie ik een hoge, zeer hoge kale boom. Als ik er lang naar kijk, begin ik zijn mysterieuze aanwezigheid te voelen alsof hij voor mij, voor ons, iets heel belangrijks aan het doen is dat we nauwelijks opmerken te midden van onze drukte. Op dit moment, terwijl ik aan het schrijven ben, 'zie' ik achter mijn raam de zonnige stilte van een leeg Chestwood. Ergens is er een klok langzaam aan het luiden. Men kan zeggen dat de hele natuur, alles wat 'natuurlijk' is - de oceaan bij Montauk Point, de stralen van zonsondergang en schaduwen, wandelingen in Labelle - alles veroordeelt onze verslaving aan gedoe - het verval van het leven, een vlam die als een rode draad door het leven loopt ...

Heilige Dinsdag 13 april1982 [182]

Gisteren heb ik het boekje van J.F.Revel, La grâce de l'Etat (The Grace of the State) gelezen, dat na de socialistische overwinning in Frankrijk werd gepubliceerd. Waarom zien mensen niet het voor de hand liggende, beangstigende kwaad van het socialisme? Want socialisme is de goedheid van de antichrist en de duivel zelf predikt het en trekt zich ertoe aan. Socialisme is de bevrijding van egoïsme (profijt, winst), echter door

---

180 Idem, p.323
181 Zie voetnoot 12
182 The Journals, p.323

het doden van de persoon. Een mens moet, als hij leeft, rijker worden, maar rijker in God. Als men echter van God is afgevallen, zal men niet gered worden.

Heilige Vrijdag 16 april1982 [183]

Gisteren, de Twaalf Evangeliën. Daarvoor, de Liturgie van het Mystieke Avondmaal – "Ik zal tot Uw vijanden niet over Uw mysterie spreken". Vandaag de Begrafenisdienst en de onderdompeling in "Dit is de Gezegende Sabbat..." Hoe vaak in mijn leven? Telkens in deze dagen herrijst de herinnering: welke tijd, welk moment, welk jaar? Ik weet niet wanneer het allemaal in mijn leven werd geopenbaard, het moment dat het zo geliefd werd, zo 'absoluut begerenswaard', en hoewel verborgen in mijn hart, zo'n doorslaggevende gebeurtenis kon zijn: Rue Daru, de Kathedraal van Alexander Nevski in Parijs, lente, thuis, jeugd, geluk. Toen werd mij de sleutel tot alles gegeven. Als priester, als theoloog, als auteur, als docent. Ik getuig in wezen alleen van 'dat'. Ik bid bijna nooit in de conventionele zin; mijn geestelijk leven - als heldhaftige prestatie, regel, spirituele richtlijnen - is nul, en als het bestaat, is dat als een constant onderbewust gevoel dat alles elders is. Van de andere kant diep van binnen leef ik er slechts van, of liever gezegd, het leeft in mij.

Eenvoudige vragen:

Wat wil God van ons?

Dat wij Hem liefhebben, Hem aannemen als de bron, de betekenis, het doel van het leven: "het hart van mijn hart en mijn Koning..."

Hoe kan iemand ertoe komen God lief te hebben? Waar bevindt zich de plaats van deze liefde?

In Zijn zelf-openbaring aan ons in de wereld en in ons leven. Het toppunt en de vervulling van deze zelf-openbaring is Christus.

---

183 Idem, p.324

Alles heeft met hem te maken. De Incarnatie, het binnengaan in de wereld van de natuur, van de tijd, van de geschiedenis is er voor Hem.

Daaruit volgt dat liefde voor God Christus is.

Vreugde in Hem.

Liefde voor Hem.

Het refereren van alles naar Hem.

Het bijeenbrengen van alles in Hem.

Leven in Hem, door de kennis van Hem in alles door de Heilige Geest.

De Kerk: de mogelijkheid en de gave van deze liefde en leven.

Amen.

Stralende maandag 19 april1982 [184]

Wonderlijk Pascha. Stralende lente. Wonderbaarlijke avond met Anya's familie.

Stralende dinsdag 20 april1982[185]
Een brief uit Oxford van een zekere Dr. Nicholas Dewey, onlangs bekeerd tot de Orthodoxie: "...aldus, ben ik Of Water and Spirit, Great Lent en The World as Sacrament gaan lezen. Uw historisch besef en diep begrip van de liturgische oorsprong en de wonderbaarlijke manier waarop uw kennis verband houdt met de huidige behoeften van de Kerk - en inderdaad van de wereld ..."Deze laatste zin maakt me erg blij, maar bedroeft me ook, omdat ik overal om me heen een algemene regressie zie naar een bekrompen, fanatieke, zelfvoldane orthodoxie of naar een gezellig hoekje met gebabbel over Byzantium en gewaden.

---

184 Idem, p.325
185 Idem

John M[eyendorff] is verbijsterd over brieven uit Rusland die de heiligverklaring van de Tsaar en zijn familie verdedigen en verheerlijken. Het lijkt me tamelijk normaal, althans van een 'schuldige intelligentsia'. Voor Russen is dit steeds het geval: afvalligheid of hysterisch maximalisme. Russen krijgen zeker niet het 'licht der wijsheid'.

Vreemd, hoe verwijderd ik mij het afgelopen jaar voel van deze ophef - spiritueel, canoniek, liturgisch - die zo evident is in de hedendaagse empirische Orthodoxie.

De Britse vloot nadert de ongelukkige Falklandeilanden. Argentinië rammelt met zijn wapens en dreigt een alliantie te vormen met de Sovjet-Unie. Israël bombardeert Zuid-Libanon. De Arabieren sidderen vanwege de groeiende kracht van Iran en zijn propaganda van de islamrevolutie. Vandaag of morgen zal de executie van Ghotbzadeh[186], de minister van Buitenlandse Zaken, wiens gezicht ons vertrouwd was geworden ten tijde van de crisis van de gijzelaars, plaatsvinden in Teheran. In Polen geen respijt. In Amerika, gejoel om Reagan. In de hele wereld een groeiend rumoer en oproer van langharige dwazen die opkomen voor vrede. Maar niemand - in ieder geval in de vrije wereld - heeft een echt idee, een plan. Kleinzielige mensen, kleinzielige wereld, met kernbommen gewapend...

Maandag 26 april 1982 [187]

Gisteren, Alexis B[outeneff]'s huwelijk in Baltimore. Wij reden erheen op zaterdag na de laatste Paschaliturgie. Wonderbaarlijke rit: alles is opeens groen; prachtige lentedagen. Na het huwelijk in de Griekse Kathedraal terwijl de over het algemeen niet-orthodoxe gasten, oprecht gecharmeerd door on-ze viering (bruiloften hebben een onfeilbaar effect) in de rij stonden om de pasgetrouwden te feliciteren, dacht ik

---

186 New York Times, 16-9-1982: "Voormalig minister van Buitenlandse Zaken Sadegh Ghotbzadeh van Iran, die werd beschuldigd van het beramen van een complot om de Iraanse regering omver te werpen en ayatollah Ruhollah Khomeini te doden, werd woensdagavond geëxecuteerd, zei het Iraanse persbureau vandaag".
187 The Journals, p.325

nog eens aan onze achteruitgang, nalatigheid, ons sterven. 's Ochtends had ik er een lang gesprek over met Alexis Vino[gradow]. Ik zei: het eerste wat zou moeten worden opgehelderd is de vraag waarom de Orthodoxie geen invloed meer heeft op de Orthodoxen zelf. Of het nu gaat om Russen, Karpaten-Russen, Grieken, Arabieren, Albaniërs, Serven of Roemenen, er staat tussen hen en de Orthodoxie (hun eigen geloof) een soort muur, onmogelijk te doorbreken met prediking, boeken, of welke religieuze educatieve activiteiten dan ook. En dat is zo omdat deze muur in wezen hun perceptie van de Kerk representeert (welke al eeuwen bestaat), van liturgische diensten, van spiritualiteit, van het geloof zelf. Het is niet alleen leegte, een gebrek aan kennis of interesse. Nee. Het is een soort volheid die onmetelijk is en die elke inbreuk op hun bewustzijn van iets nieuws verbiedt.

Men zou een soort typologie van deze muren kunnen en waarschijnlijk moeten opstellen, omdat de Russische muur anders is dan de Griekse, net als alle overige. Hun overeenkomst ligt echter in een diep verborgen, organische ontkenning van betekenis, een onverklaarbare angst voor enige betekenis: "Blijf weg van mij!". Orthodoxie wordt in deze opvatting gereduceerd tot gevoel, terwijl gevoel wordt gedefinieerd, gecreëerd om allerlei redenen, maar niet door kennis of geloof. De rite van het Huwelijk wordt bijvoorbeeld opgevat als iets zonder relatie tot de betekenis, tot het geloof, tot de leer die het geschapen heeft; men kan zeggen - tot Christus! Al het andere, inclusief Pascha, Liturgie, begrafenissen, enz., wordt op dezelfde manier opgevat. Het christendom is een religie geworden en is onweerstaanbaar een 'natuurlijke' religie geworden.

Op vrijdagavond gaf ik een lezing op een nogal ontstellende bijeenkomst. Ik bevond mij daar op aanraden van zuster Cora Brady[188], die ik al heel lang ken. Het was niet meer of minder dan een school van startsy, d.w.z. van spirituele leiding. Ongeveer 30 mensen, meestal volwassen vrouwen. Heer,

188 Lid van de Society of the Sacred Heart United States – Canada. Samen met medezusters had zij het Barat House opgericht, "een spiritueel en levengevend centrum" (Bron: In Memoriam Sister Ruth Dowd, +3-3-1993, auteur onbekend).

wat een onzin spraken ze! Blijkbaar verwachtten zij dezelfde soort onzin van mij. Ik heb reeds lang door dat het heel gemakkelijk is om pseudo-spiritualiteit te herkennen: het gaat gepaard met een vreemde, onuitsprekelijke verveling.

Hoe helder en duidelijk in deze onzin is een hartstocht voor spirituele macht, voor leiding van zielen. Ik kon daar nauwelijks twee uur zitten en ontsnapte, nadat ik eerst, instinctief, had gesproken over 'demonische' spiritualiteit. Ik weet het niet, maar ik denk niet dat ze ook maar iets hebben begrepen, want ze waren echt betoverd.

Maandag 4 oktober 1982 [189]

Veertiende dag in het ziekenhuis. Ik ben in een zonovergoten kamer en wacht op een beslissing over de behandeling. Gisteren, zoals elke dag, kwamen er bezoekers. Zoveel vriendelijke woorden, zoveel liefde, gebeden. Ik voel het bijna lichamelijk.

Gisteren een telefoontje van Serge uit Moskou, van mijn broer Andrei in Parijs, van mijn neef Vader Michael Ossorgin in Frankrijk. Aanwezigheid van L. en Mascha. Bijna geluk.
Gisteren heb ik een eerste poging gedaan om te werken; ging aan de slag met het 'Sacrament van de Heilige Geest'. Wat weerhoudt mij ervan om te werken? Een innerlijke onrust gecreëerd door het ziekenhuis. Ik wacht de hele tijd op iets en dat wachten weerhoudt me ervan om me te concentreren.

---

189 The Journals, p.340

Hoofdstuk 11: 1983

Woensdag 1 juni 1983 [190]

Gedurende acht maanden heb ik niet in dit dagboek geschreven. Niet omdat ik niets te zeggen had; in tegendeel, nooit, meen ik, had ik zo veel gedachten en vragen en indrukken; het was omdat ik voortdurend bang was voor de hoogte waar mijn ziekte mij had opgetild, bang om ervan af te vallen. In de eerste maanden, voor Pascha, schreef en werkte ik. Ik wilde ineens zo graag dat mijn Engelse boeken in het Russisch zouden verschijnen, hoewel ze, helaas, niet in een Russische toon zijn geschreven, en een vertaling draagt nauwelijks over wat ik meen dat gezegd moet worden.

Actieve aanwezigheid van L. Als zij niet bij mij was geweest, geloof ik dat ik deze in wezen vredige en diepe acht maanden niet zou hebben gehad.
Andrei kwam drie keer.

Serge kwam twee keer.

Masha en Father John kwamen telkens opnieuw.

Wat een geluk is het allemaal geweest!

---

190 Idem, p.34.
Dit is de laatste dagboekaantekening van Vader Alexander Schmemann voor hij ontslaapt op13 december1983, 62 jaar oud. St.Vladimir's Seminarie te New York gedenkt hem jaarlijks in een dienst.

Nawoord door Vader John Meyendorff

Een levenswaardig leven[191]

Vader Alexander vierde zijn laatste Goddelijke Liturgie hier met ons op Thanksgiving Day op 24 november 1983. Diegenen onder ons die op die dag met hem in deze kapel baden, herinneren zich hoe hij ons aan het einde van de Liturgie opriep om God te danken - voor de Liturgie die we zojuist hadden gevierd, voor de vreugde en gemeenschap die ons in de heilige Kerk werd gegeven, voor ons gemeenschappelijk dienen op het St.Vladimir's Seminarie, voor onze gezinsvreugde, voor de kinderen om ons heen, en zelfs voor het lawaai dat ze af en toe in de kerk maken.

Deze laatste Thanksgiving was zo kenmerkend voor de persoonlijkheid van Vader Alexander! Meer dan wie ik ooit heb ontmoet, was hij altijd in staat om de gaven van het leven te erkennen en te verheerlijken, en om zijn eigen persoonlijke functies te begrijpen als priester en als theoloog, door God te danken voor deze gaven. Staat 'dankzegging' (eucharistia) niet centraal in het Kerkleven? Vader Alexander was gereed en gelukkig, tot praktisch zijn laatste ademtocht, om God voor alles te danken, en door dit te doen, behaalde hij een duidelijke overwinning, en een klinkende triomf over het lijden en de dood zelf.

Maar was die Liturgie op Thanksgiving Day werkelijk zijn 'laatste' Liturgie? Ons christelijk geloof zegt het ons duidelijk: neen, inderdaad. Want wij weten dat, elke keer dat de Eucharistie wordt gevierd, deze in Christus de levenden en de doden verenigt, de heiligen van alle tijden, en al onze broeders en zusters die ons dierbaar waren - of nog steeds zijn. Dus, in deze kapel, zal Vader Alexander doorgaan om samen

---

191 The Journals, p.343. Dit is een door Juliana Schmemann toegevoegd nawoord met als originele voetnoot: "Oorspronkelijk gepubliceerd als 'A Life Worth Living' door Vader John Meyendorff, St.Vladimir's Theological Quarterly, vol 28, nr.1, 1988".

met ons God dank te zeggen, en wij zullen met hem één zijn in deze Dankzegging.

Terwijl wij vandaag voor rust van zijn ziel bidden en voor de vergeving van zijn zonden, vrijwillig of onvrijwillig, en terwijl wij God vragen om onze overtredingen tegen hem te vergeven, is het onze eerste plicht ons bij hem aan te sluiten in deze voortdurende dankzegging. Dit is de beste manier om het voorbeeld te volgen dat Vader Alexander ons gaf.
Laten wij daarom, in de eerste plaats, God danken, dat Hij Vader Alexander aan de Kerk gegeven heeft, aan het Seminarie en aan ieder van ons persoonlijk.

Het is werkelijk buitengewoon om te beseffen hoeveel mensen zeer persoonlijk door hem werden bereikt in zijn dienst - in dit hele land, zowel orthodox als niet-orthodox - en ook, zeker een nog groter aantal in het land van zijn voorouders, door zijn verkondiging in het Russisch op Radio Liberty. Allen, bekend en onbekend, wist hij met succes in Christus en om zich heen te verenigen. Laat ons hiervoor dank betuigen.

Hier in dit Seminarie, werden zijn collega's, zijn studenten, en al de alumni, tegen zoveel verwachtingen in, bij elkaar gehouden rond Vader Alexander, maar altijd in Christus. Laten we daarvoor ook dank betuigen.

Zijn gezin is een wonderbaarlijk gezin, verenigd als altijd - Juliana, kinderen en kleinkinderen - en hij stond altijd in het midden en verzamelde hen om zich heen, in Christus. Deze eenheid is vandaag niet beëindigd, zodat wij er dank voor kunnen betuigen.

In deze gevallen wereld wordt elke stap van ons in de gaten gehouden door de Tweedrachtzaaier[192] (diabolos), Satan, die alleen gedijt in vijandschap, afscheiding en dood. Ieder van ons zal geoordeeld worden op ons vermogen om weerstand te bieden aan deze kwade geest. Het is door zijn dienst om mensen in Christus te verenigen, dat Vader Alexander, in zijn

---

192 De auteur gebruikt hier het woord 'Divider', waarvan het Nederlandse equivalent 'Verdeler' de lading van de betekenis niet dekt. Vandaar dat hier voor de louter vertaaltechnische term 'Tweedrachtzaaier' is gekozen.

laatste dagen met ons, in staat is geweest om niet alleen in woorden maar ook in daden, zo duidelijk en zo triomfante-lijk, aan te tonen dat de Dood inderdaad door het Leven werd overwonnen, dat de verrezen Christus de machten van Satan vertrapt heeft.

Laten wij voor het model en het voorbeeld dat hij ons dus na-laat dank zeggen, niet alleen in woorden maar ook in daden, zodat we - in de Geest van God - kunnen blijven delen in die gemeenschap, in die vreugde en in die moed, waarvan vader Alexander voor ons ons altijd levende beeld blijft. Amen.
De gedachten en gevoelens vertolkt door degenen die de gele-genheid hadden om te spreken tijdens de begrafenisdiensten van Vader Alexander Schmemann - bisschoppen, collega's en vrienden - weerspiegelen alles wat er gezegd moet worden in deze eerste weken na zijn te vroege dood op 13 december 1983. Anderen zullen wellicht uiteindelijk diepgaander zijn gedachten en geschriften gaan evalueren, inclusief al wat on-gepubliceerd blijft. Mijn taak hier is slechts om te wijzen op de belangrijkste perioden van zijn leven, zonder de pretentie te hebben uitputtend te zijn. Als men schrijft over een boe-zemvriend - een broer bijna - is het zo goed als onmogelijk om volledig objectief te blijven, om te vermijden subjectief en impressionistisch te worden bij de interpretatie van hetgeen echt belangrijk was in het leven van Vader Alexander - een leven dat werkelijk levenswaard was! Voor deze subjectiviteit verontschuldig ik mij bij voorbaat.

Geboren in 1921 in een Russisch gezin, met Baltisch Duitse voorouders aan zijn vaders kant, verhuisde Vader Alexander vanuit Estland naar Frankrijk in zijn vroege jeugd. Het leven als Russische emigrant in Parijs werd zijn leven tot zijn ver-trek naar Amerika in 1951.

Het 'Russische Parijs' van de jaren 1930 was een wereld op zich. Zo'n tienduizend emigranten welgeteld en met inbegrip van intellectuelen, kunstenaars, theologen, groothertogen en voormalige tsaristische ministers, dagbladen publicerend en verdeelde politieke visies uitvechtend in verhitte discussies, Russische emigranten droomden nog steeds van een terug-keer naar huis. Kinderen werden opgevoed op Russische scholen, enigszins geïsoleerd van de omringende Franse samenleving (die eigenlijk niet altijd even gastvrij voor hen was). De jonge Alexander (ofwel Sasha, zoals hij door familie en vrienden werd genoemd) proefde iets van die afgezonderde Russische opvoeding: hij bracht enkele jaren door als 'cadet', op een Russische militaire school in Versailles, en stapte vervolgens over naar een gimnaziya (middelbare school). Wat de verdiensten van de aanvankelijke opleiding ook waren, het bevredigde nauwelijks zijn geest en aspiraties. Ook toen al vond hij dat het beste in de grote erfenis van de Russische cultuur (met name de Russische literatuur) niet gesloten was voor het Westen, maar juist noodzakelijkerwijs 'Europees' van omvang was. Dostojewski's beroemde 'Poesjkin-toespraak' vertegenwoordigde voor hem het enige geldige begrijpen van Rusland en van de Russische beschaving. Hij weigerde de kunstmatige beperking ervan te accepteren en studeerde aan een Franse lyceum en de Universiteit van Parijs.

Reeds als tiener ontdekte Alexander zijn ware geestelijke thuis in de Kerk. Zijn inwijding in de Orthodoxie en haar authentieke geest vond niet zozeer plaats in de saaie, verplichte godsdienstlessen aan de militaire school of de gimnaziya, maar eerder door actieve deelname aan de Liturgie in de monumentale Heilige Alexander Nevski-kathedraal aan de Rue Daru als altaardienaar en later als subdiaken. Geïnspireerd door de bij uitstek wijze en altijd minzame persoonlijkheid van Metropoliet Evlogui, door een geestelijkheid die toch een beetje 'oud regime' was, maar ook verlicht en open onder de toegewijde leiding van Dr. Peter Kovalevsky (die aan het hoofd stond van de grote staf van de 'lagere' geestelijkheid in de kathedraal), begreep Alexander de waarde en de dimensies van de liturgie en ontwikkelde zelfs een zekere liefde voor de pracht en praal en het ceremoniële, dat zijn hele leven bij hem bleef.

De jaren van de Tweede Wereldoorlog en de Duitse bezetting van Frankrijk waren jaren van doorslaggevende betekenis. Door de voorzienigheid beschut tegen de tragedies van de oorlog, studeerde Alexander aan het Theologisch Instituut van Parijs (1940-1945) en trouwde met Juliana Ossorguine

(1943), destijds een studente klassieke talen aan de Sorbonne en een lid van een traditionele, kerkelijk georiënteerde Russische familie. Het werd in die jaren voor al zijn vrienden en kennissen overduidelijk dat Alexander zijn ware roeping had gevonden, en tevens dat God hem had gezegend met een succesvol huwelijk en gezinsleven. De inspiratie en vreugde die hij toen vond, droegen veel bij aan de kracht waarmee hij in al de jaren nadien in staat was om de inhoud ervan aan anderen over te brengen.

Het Orthodox Theologisch Instituut in Parijs - 'St.Sergius', zoals het vaak wordt genoemd - had een enigszins heterogene maar opmerkelijke faculteit bijeengebracht met vertegenwoordigers van het oude theologische establishment van het prerevolutionaire Rusland (A.V.Kartashev), intellectuelen die tijdens de revolutie tot de Orthodoxie waren overgegaan (V.V.Zenkovsky) en oud-studenten van Belgrado (Vader Cyprian Kern, Vader Nicholas Afanassieff). De school werd nog steeds gedomineerd door de persoonlijkheid van Vader Sergius Bulgakov, een voormalige Russische seminarist, daarna een marxistische filosoof – en uiteindelijk onder invloed van Vladimir Soloviev en Paul Florensky - een priester en een theoloog. Tijdens de oorlogsjaren op St.Sergius waren er weinig studenten, maar het enthousiasme en de hoop op een orthodoxe opleving bleven groot.

Nimmer aangetrokken door de 'sofiologische' speculaties van Bulgakov - voor wie hij echter het grootste persoonlijke respect had - wilde Alexander Schmemann zich vooral specialiseren in de kerkgeschiedenis. Hij werd een leerling van A.V.Kartashev, wiens briljante lezingen en sceptische geest pasten bij Schmemanns eigen neiging tot kritische analyse van de werkelijkheid om hem heen. Het resultaat was een 'kandidaatsthesis' (overeenkomend met MDiv[193]) over de Byzantijnse theocratie. Na het vijfjarige studieprogramma aan St.Sergius te hebben voltooid, werd Schmemann een docent

---

193 Voor theologische instellingen op doctoraal niveau is de Master of Divinity (MDiv, magister divinitatis in het Latijn) de eerste professionele graad van het pastorale beroep in Noord-Amerika. Het is de meest voorkomende academische graad in seminaries en godgeleerdheidsscholen. (Wikipedia, 29-11-2022)

kerkgeschiedenis, eerst als leek, vervolgens als priester, na zijn wijding door de toenmalige Aartsbisschop Vladimir (Tikhonitsky) in 1946, die aan het hoofd stond van het Russische exarchaat van West-Europa onder de jurisdictie van het patriarchaat van Constantinopel.

Naast A.V.Kartashev oefenden twee andere leden van de Sint Sergiusfaculteit een beslissende invloed uit op Vader Schmemann. Archimandriet Cyprianus (Kern), zijn geestelijke vader en vriend, nam hem ook als assistent in de Heilige Constantijn en Helena-parochie in Clamart, in de buurt van Parijs. Vader Cyprianus doceerde patristiek aan St.Sergius, maar zijn liefde was voor de liturgie en zijn liturgische smaak had een blijvende invloed op Vader Schmemann. Beiden deelden ook kennis van en waardering voor de Russische klassieke literatuur. Intellectueel meer beslissend echter was Vader Schmemanns omgang met en toewijding aan de ecclesiologische ideeën van Vader Nicholas Afanasieff, een professor kerkelijk recht wiens naam voor altijd verbonden zal zijn aan wat hij 'eucharistische ecclesiologie'[194] noemde en wiens ideeën in veel van Vader Schmemanns geschriften worden weerspiegeld.

Als jonge docent kerkgeschiedenis was Vader Schmemann van plan een proefschrift te schrijven over het Concilie van Florence. Hij zag uiteindelijk af van dat onderwerp, maar de publicatie van een korte verhandeling van Marcus van Efeze over 'De Opstanding' resteert van die aanvankelijke interesse in Byzantijnse studies. Eigenlijk stond de Kerk zelf altijd centraal in de geestelijke en intellectuele interesses en verplichtingen van Vader Alexander. Zijn bespreking van de Byzantijnse theocratie en zijn lezingen over de kerkgeschiedenis in het algemeen - evenals het oorspronkelijke thema van zijn proefschrift - komen voort uit zijn bezorgdheid over het voortbestaan van de Kerk als Kerk. Gedurende eeuwen van een dubbelzinnige alliantie met de staat, en het voortbestaan van de Orthodoxie in haar middeleeuwse confrontatie

---

194 Dit is de leer over de Kerk (ecclesiologie) met als fundament de leer over de Eucharistie. Voorheen zag de theologie de sacramentenleer en de ecclesiologie als twee van elkaar gescheiden disciplines zowel in de Westerse als de Oosterse kerken.

met Rome. Maar misschien ontbrak het hem aan het nodige geduld om zich te blijven concentreren op het verleden van de Kerk: het existentiële van vandaag was datgene wat er echt toe deed. En tegenwoordig zou de Orthodoxe Kerk niet kunnen leven, noch als verdediging van de Staat, noch als culturele bijlage van het 'Russianisme': ze leefde in en door de Liturgie. Hier gaf de ecclesiologie van Afanasieff de richting (hoewel niet echt het model) voor de verdere oriëntatie van Vader Alexander als theoloog.

Het is vrij duidelijk dat Vader Alexander's theologische wereldbeeld werd gevormd tijdens zijn Parijse jaren. Maar hoewel de invloed van sommige van zijn docenten op St.Sergius doorslaggevend was, leefde hij altijd in een bredere spirituele wereld. De jaren veertig en vijftig waren een periode van buitengewone theologische heropleving in het Franse Rooms-katholicisme - de jaren van een 'terugkeer naar de bronnen' en een 'liturgische beweging''. Het is van dat bestaande milieu dat Vader Schmemann echt 'liturgische theologie', een 'filosofie van de tijd' en de ware betekenis van het 'paasmysterie' leerde. De namen en ideeën van Jean Daniélou, Louis Bouyer, en verscheidene anderen zijn onlosmakelijk verbonden met de vorming van Vader Schmemanns gedachten. En ofschoon hun erfenis enigszins verloren ging in de onrust van het postconciliaire Rooms-katholicisme, leverden hun ideeën vele vruchten op in de organisch-liturgische en ecclesiologisch-consistente wereld van de Orthodoxie vanwege het briljante en altijd effectieve getuigenis van Vader Schmemann.

Orthodoxie in Frankrijk bestond niet alleen uit intellectuele of theologische bezigheden. Met het vervliegen van alle redelijke hoop op een snelle terugkeer naar Rusland diende zich de op handen zijnde kwestie aan van een permanent voortbestaan van de Orthodoxie in het Westen en daarmee de vraag: Waarom was er überhaupt een Orthodoxe 'diaspora'? Samen met de meeste vertegenwoordigers van de 'jongere' generatie Orthodoxe theologen zag Vader Schmemann geen ander antwoord en geen andere betekenis voor het bestaan van de 'diaspora' dan de oprichting van een territoriaal, eventueel Franssprekende locale Kerk in Frankrijk. Zijn verzet tegen een

terugkeer naar de jurisdictie van het Moskouse patriarchaat
was vooral gebaseerd op de hoop dat het Oecumenisch Patriarchaat, onder wiens bescherming het Russische 'Exarchaat'
van West-Europa zich in 1931 had geplaatst, zo'n geleidelijke
Orthodoxe eenwording tot canonieke normen zou initiëren
en begunstigen. De meeste Russen - inclusief de oudere generatie St.Sergius-professoren - zagen de Constantinopoli-
taanse band echter eerder als negatief, als een schild tegen
de controle van Moskou - niet als een kans voor een missie
naar het Westen. Hier ligt een van de belangrijke elementen
die Vader Alexander en zijn gezin uiteindelijk aanmoedigden
om naar Amerika te kijken voor betere voorwaarden ter rea-
lisering van een meer consistente orthodoxe ecclesiologie in
het concrete leven van de Kerk.

De beslissende factor die bepalend was voor het vertrek van
Vader Alexander naar de Verenigde Staten was de terugkeer
naar Parijs vanuit Oost-Europa van Vader Georges Florovsky,
en zijn mogelijke benoeming tot deken van St.Vladimir's in
New York.

Vader Florovsky had voor de oorlog gedoceerd aan St.Sergi-
us, maar zijn relatie met zijn collega's was niet gemakkelijk.
Dit onbehagen was deels te wijten aan zijn kritiek op de so-
fiologie van Vader Bulgakov (een kritiek die echter slechts
indirect in zijn geschriften werd geuit). Gered uit het door
de Sovjet-Unie bezette Tsjechoslowakije in 1947 na bemid-
deling van oecumenische vrienden, kon Vader Florovsky zijn
leerstoel Patristiek in St.Sergius niet opnieuw bekleden (deze
werd nu bezet door Vader Cyprian Kern). Hij doceerde korte tijd moraaltheologie en aanvaardde daarna de functie bij
St.Vladimir's in New York (1949). Vader Schmemann raakte
gefascineerd door de helderheid van Florovsky's theologische geest, door zijn visie op de Orthodoxe missie naar het
Westen, door zijn kritiek op geaccepteerde nationalistische
stereotypen, door het feit dat hij erin slaagde zowel in het
verleden van de Kerk geworteld te zijn als volledig open te
staan voor de beste theologische bewegingen van het Westerse Christendom[195].

---

195 (Opmerkelijk: het woord 'Christendom' is hier niet vertaald, want het
staat er letterlijk in de Amerikaanse tekst op p.348!)

Het feit dat Vader Schmemann naar Amerika vertrok (1951) en toetrad tot de faculteit van St.Vladimir's, die toen opgebouwd werd door Vader Florovsky, werd op St Sergius bijna als een verraad beschouwd, temeer toen daarna S.S.Verhovskoy (1953) en John Meyendorff (1959) volgden. De daaropvolgende geschiedenis en ontwikkeling van de Orthodoxie in Amerika lijkt aan te tonen dat de overgangen gerechtvaardigd waren, vooral omdat St Sergius zelf, hoewel beroofd van een deel van zijn van zijn faculteit, niet alleen overleefde, maar uiteindelijk zijn leerprogramma's en oriëntatie in de Pan-Orthodoxe richting omzette, wat overleven mogelijk maakte.

De vroege jaren vijftig waren geen gemakkelijke jaren voor St Vladimir's Seminary, dat in die tijd gehuisvest was in de uiterst bescheiden verblijven van Reed House, aan Broadway en 121st Street. Conflicten vanwege temperament en stijl liggen aan de basis van het betreurenswaardige aftreden van Vader Florovsky (1955), die alleen al door het prestige van zijn persoonlijkheid St.Vladimirs op de academische en theologische kaart van het land had geplaatst. Pas in 1962, toen het Seminarie zijn huidige campus in Chestwood NY verwierf, nam Vader Alexander de functie van decaan aan, die hij tot zijn dood in 1983 behield.

Het is waarschijnlijk nog te vroeg om in detail te spreken over de laatste en langste periode van zijn leven in Amerika, verbonden aan het Seminarie en aan de Kerk in het algemeen. Misschien wel de meest voor de hand liggende bijdrage van Vader Alexander aan het leven van St Vladimir's was dat hij erin slaagde de school midden in de structuur van het kerkelijk leven te brengen. Tijdens zijn ambtstermijn hield het op louter een academische instelling te zijn, gerespecteerd in oecumenische kringen, maar nogal heterogeen met betrekking tot het leven van bisdommen en parochies. St Vladimirs bracht priesters voort, en deze priesters, die niet alleen binnen de 'Russische Metropolie' dienden, maar ook in andere jurisdicties (met name die van Antiochië en van Servië), werden onderwezen in de geest van een universele en missionaire Orthodoxe Kerk, die puur etnische belangen oversteeg. Bovendien werd St Vladimirs het centrum van een liturgische en eucharistische opleving, die wordt erkend en geprezen door zowel Metropoliet Theodosius als Metropoliet Philip. Vader Schmemann zette zich volledig in voor zijn werk in Amerika, maar verbrak ook de banden met Europa niet. Het is daar aan zijn alma mater van St Sergius dat hij in1959 promoveerde, met Vader Nicholas Afanassieff en ondergetekende als examinatoren.

Een echte waterscheiding, een keerpunt, in de carrière van Vader Alexander in Amerika was de oprichting van de autocefale Orthodoxe kerk in Amerika in 1970. Als er één engagement was dat er constant in zijn leven was, in Frankrijk al, dan was het de hoop dat de oncanonieke overlapping van 'jurisdicties', als meest voor de hand liggend obstakel voor een Orthodox getuigenis in het Westen, zou worden vervangen door een lokale kerkeenheid in overeenstemming niet alleen met de canons, doch tevens met de meest essentiële vereisten van de Orthodoxe ecclesiologie. Vader Alexander - en degenen onder ons die toegewijd waren aan dezelfde fundamentele aspiraties - hoopten dat het Oecumenische Patriarchaat van Constantinopel zou bijdragen aan (en mogelijk leiden tot) Orthodoxe eenheid in Amerika, bijvoorbeeld door de 'Standing Conference of Orthodox Bishops'. Maar een rol voor Constantinopel in zo'n proces van eenwording zou de toestemming van alle andere Orthodoxe Kerken hebben vereist, inclusief het Patriarchaat van Moskou, waarvan de jurisdictie in Amerika nooit werd ontkend door de Metropolie en altijd werd ondersteund door Amerikaanse civiele rechtbanken. Aan de andere kant was Constantinopel, zeer veeleisend in theorie, in de praktijk vrij inconsistent (het beëindigde zijn jurisdictie over het Russische bisdom in Frankrijk en riep het op om terug te keren naar het Patriarchaat van Moskou in 1965). De andere kerken zouden duidelijk niet eens van plan zijn hun 'diaspora' over te dragen aan de Griekse patriarch. Realistisch gezien was de basis voor Orthodoxe eenheid eerder te vinden in het beleid dat de Russische Kerk altijd in principe heeft gevolgd, sinds het voor het eerst de Orthodoxie in Noord-Amerika vestigde. Het canonieke en missionaire doel was altijd een Kerk voor Amerikanen geweest, opgericht met de zegen van de Moederkerken en al degenen uitnodigend die geïnteresseerd waren om er vrij deel van uit te maken. Dit laatste offer impliceerde uiteraard dat eenheid niet eenzijdig kon worden gevestigd, dat de vrije toestemming van iedereen vereist was. Natuurlijk was het Patriarchaat van Constantinopel nog steeds welkom om de leiding op zich te nemen in een eventueel eenwordingsproces. Tijdens de onderhandelingen die leidden tot autocefalie[196], ontstond een opmerkelijke persoonlijke band tussen Vader Alexander en Metropoliet Nikodim (Rotov) van Leningrad, wiens volledige begrip ten aanzien van de historische kans voor de Orthodoxie in Amerika en zijn persoonlijke[197] invloed ter realisatie van het gemeenschappelijke doel de ondertekening van de Tomos van Autocefalie op 10 april 1970 door Patriarch Alexis van Moskou mogelijk maakte. Deze daad werd echter zowel door de Moederkerk van Rusland als door haar dochterkerk in Amerika begrepen als de eerste en niet de laatste stap naar Orthodoxe eenheid die moest worden genomen door conciliaire goedkeuring van alle Orthodoxe Kerken.

Te midden van zijn werk als docent en zijn betrokkenheid bij het leven van de Kerk - met lezingen, artikelen, toespraken en bijeenkomsten in het hele land - verloor Vader Schmemann nooit een andere bezorgdheid die hij sinds zijn jeugd had, namelijk het lot van de Orthodoxie in Rusland. De gelegenheid die hij jarenlang had om een wekelijkse preek in het Russisch te houden op 'Radio Liberty' maakte zijn naam bekend bij vele de in getto's levende en onderdrukte christenen in Rusland. Een van hen was Alexander I.Solzjenitsyn, wiens geschriften, naar het buitenland gesmokkeld, voor Vader Alexander - net als voor vele anderen - een verademing waren van de deprimerende platheid van de Sovjet-werkelijkheid, een getuigenis van het geloof in het 'ware' Rusland en een authentiek wonder van spirituele opleving. Over Solzjenitsyns houding ten opzichte van Rusland verzon Vader Alexander een groot woord: de schrijver van de 'Goelag Archipel' en van 'Augustus 14'[198] had een 'ziende' of 'lucide' liefde voor Rusland, in

196 Autocefaal of autokefaal (Gr.: "met eigen hoofd"): "De status van een Orthodoxe Kerk die zichzelf bestuurt en die haar eigen primaat kiest zonder dat daar toestemming of de instemming van een andere kerk voor nodig is. Alle patriarchaten zijn autokefaal" (Stephan Bakker, Lexicon – Orthodoxe woorden en begrippen uit het Nederlandse taalgebied), p.42.
197 De Amerikaanse tekst zegt: 'singlehanded'.
198 Augustus 1914 is de in het Russisch geschreven roman over de nederlaag van het keizerlijke Russische leger in de slag bij Tannenberg in

tegenstelling tot het 'blinde' nationalisme van zovelen. Vader Schmemann was bijzonder verontwaardigd over die - Russische en westerse - critici van Solzhenitsyn, die juist in hem dat 'blinde' nationalisme zagen, dat de kritiek op het prerevolutionaire Rusland in 'Augustus14' zo overduidelijk weerlegt. Vader Schmemann reageerde echter ook negatief op enkele van Solzjenitsyns enthousiaste meningen, bijvoorbeeld zijn (voorbijgaande) bewondering voor de Oudgelovigen.[199]
Hoe het ook zij, het lijkt mij dat als er een talent is waarvan Vader Alexander niet de tijd had om het volledig te ontwikkelen in zijn gepubliceerde geschriften, het zijn buitengewone begrip van de Russische (en westerse, in het bijzonder Franse) literatuur was, zijn vermogen om te onderscheiden wat 'waar' en wat 'onwaar' was. Zijn kleine aantal geschriften (en lezingen) over literaire onderwerpen behoorden tot de beste in zijn hele nalatenschap.

Een volledige biografie zou andere aspecten van Vader Schmemanns carrière kunnen vermelden: zijn betrokkenheid, toen hij nog in Frankrijk was, als vice-voorzitter van de jeugdafdeling van de Wereldraad van Kerken; en zijn kortstondige betrokkenheid bij de 'Faith and Order Commission'; zijn doceren als adjunct-professor aan de universiteiten Union, General en Columbia; zijn latere betrokkenheid bij meer conservatieve christelijke kringen (de 'Hartford Appeal').

Een groot meester van het gesproken woord, een man die beter dan wie ook in staat was om zich authentiek verwant te voelen en te sympathiseren, echter in de eerste plaats als

---

Oost-Pruisen tussen 26 en 30 augustus 1914. De roman werd voltooid in 1970, voor het eerst gepubliceerd in 1971, met een Engelse vertaling het volgende jaar (Wikipedia, auteur onbekend, 14-12-2022).
199 Stephan Bakker, Lexicon over de Oudgelovigen: "'Oud-Ritualisten'(Staro-obrjadtsi) en/of 'Oud-Gelovigen'(Staro-vjeri). Deel van de Russisch Orthodoxe Kerk dat niet meeging in de hervormingen van patriarch Nikon. Men onderscheidt twee categorieën: zij die bisschoppen en priesters hebben (popoftsie) en zij die priesterloos zijn (bezpopoftsi). De Oudgelovigen wijzen de polyfonie en de muzieknotatie af en blijven bij de unisonozang en het neumenschrift. Sinds 1885 her- en erkennen de Oudgelovigen en de Orthodoxen elkaar als één Kerk. In 1970 verenigden enkele Oudgelovige parochies zich met de Russisch Orthodoxe Kerk buiten Rusland.

priester toegewijd aan de Kerk, die hij altijd zag, ondanks
alle menselijke tekortkomingen, als een voorsmaak van het
Koninkrijk en daarom als de enige authentieke blijk van onsterfelijkheid, nam Vader Alexander Schmemann zo'n grote
plaats in het leven van zovelen in! Zijn erfenis zal niet verdwijnen, niet alleen omdat zijn vrienden hem niet zullen vergeten, maar omdat hij duidelijk in de Eeuwige Herinnering
van God blijft als een trouwe dienaar in zijn wijngaard.

ALEKSANDR SOLZHENITSYN, "THE EASTER PROCESSION"

Every Easter eve a vigil for older than Russia begins in the Church of the Transfiguration of Our Lord, located in the village of Peredelkino, a residence of the Patriarch of the Russian Orthodox Church. At midnight the clergy and members of the congregation walk in procession around the church and enter through its main doors to celebrate the Resurrection. The Soviet authorities discourage religion, but they tolerate this rite - after a fashion. Alexander Solzhenitsyn describes the vigil at Peredelkino in the following story. It is published here in translation for the first time.

Alexander Solzjenitsyn, "De Paasprocessie"[200]

Elke paasavond begint een Vigilie, veel ouder dan Rusland, in de Kerk van de Transfiguratie van Onze Heer, gelegen

---

200 Uit: Alexander Solzenitsyn, Stories and Prose poems, waarvan hier de internetversie uit 1966 is vertaald (Russisch-Engelse vertaler onbekend). Een latere Engelse vertaling uit 1971 van Michael Glenny en uitgegeven door Farrar, Straus and Giroux te New York in 1971 lijkt veel vrijer te zijn. De vertaling van de internetversie is hier daarom opgenomen, maar het blijft enigszins gissen of het Russische idee goed vertolkt wordt. Het Russische origineel was namelijk niet voorhanden. Toch komt in deze Nederlandse vertaling van een vertaling hopelijk wel een duidelijk beeld van de sfeer naar voren die Alexander Solzjenitsyn heeft willen typeren. Op de binnenkant van de kaft zegt de uitgever dat The Easter Procession niet in Rusland is uitgegeven.

Overigens over het precies verstaan van het Russische denken noteert Vader Alexander Schmemann op 7 september 1982 in zijn dagboek het volgende: "I read yesterday the translation into Russian of my For the Life of the World. Good, but not it; impossible to explain. This book is all in a certain 'key', and the translation does not convey it. Some work to do!"

"De Paasprocessie is de processie, die voor middernacht op Pasen wordt gehouden. De Paasmiddernachtdienst is een samenstel van heilige diensten op de eerste dag van het Heilig Pascha. Ze wordt voorafgegaan door de Paasuren. Daarna volgt de Paasprocessie aan het einde waarvan om middernacht het Paasevangelie wordt gelezen. Het wordt gevolgd door de Paasmetten, de Paasuren en de Liturgie van de heilige Johannes Chrysostomos" (Stephan Bakker, Lexicon – Orthodoxe woorden en begrippen uit het Nederlands taalgebied / Uitgeverij De Tuin / Nijkerk-Amersfoort (2006), p.278 – voetnoot vertaler.

---

in het dorp Peredelkino, een residentie van de Patriarch van de Russische Orthodoxe kerk. Om middernacht lopen de geestelijken en leden van de gemeente in processie rond de kerk en gaan door de hoofdingang naar binnen om de Opstanding te vieren. De Sovjetautoriteiten ontmoedigen religie, maar ze tolereren deze ritus – min of meer. Alexander Solzjenitsyn beschrijft de Vigilie te Peredelkino in het volgende verhaal. Het wordt hier voor het eerst in vertaling gepubliceerd.[201]

> We are told by experts that, when painting in oils, we should not represent things exactly as they are: for this there exists color photography. We must, by means of broken lines and combinations of square and triangular planes, convey the idea of the thing rather than the thing itself. I can't for my part see how color photography could make a meaningful selection of figures and compose into a single image the Easter procession at the Patriarchal church in Peredelkino as it is held today, half a century after the Revolution. Yet that picture would explain a lot, even were it painted by the most old-fashioned methods and without the use of triangular planes.

Kenners vertellen ons dat we bij het schilderen met olieverf de dingen niet precies moeten weergeven zoals ze zijn: daar is de kleurenfotografie voor. We moeten, door middel van gebroken lijnen en combinaties van vierkante en driehoekige vlakken, het idee van het ding overbrengen in plaats van het ding zelf. Van mijn standpunt uit kan ik moeilijk inschatten hoe kleurenfotografie een zinvolle samenstelling van figuren kan vormen tot een eenduidig beeld van de Paasprocessie in de Patriarchale kerk te Peredelkino, zoals die

---

201 Het korte verhaal "De Paasprocessie" (1966), geeft een beschrijving van de processie aansluitend op de paasdienst in een kerk buiten Moskou. Het toont de belaagde situatie van praktiserende christenen in de vijandige sfeer van de communistische USSR enerzijds, anderzijds toont het binnen het geheel van de volkskerk de zorg om het behoud van het echte Russisch Orthodoxe geloofsgoed en zijn ware identiteit. Naderhand gaat deze worsteling ook in de diasporagebieden door. Alexander Schmemann beschrijft hoe hij binnen de Amerikaanse Orthodoxie bijvoorbeeld t.a.v. de taal in de Liturgie alles uit de kast moest halen opdat men het Russisch als liturgische taal in de Amerikaanse context los ging laten met het oog op de toegankelijkheid van de Liturgie. Identieke processen hielden ook de westerse Kerken bezig voor en na het Tweede Vaticaans Concilie (Rome, 1962-1965).

vandaag, een halve eeuw na de Revolutie, plaatsvond. Toch
zou dat beeld veel verklaren, zelfs als het met de meest ou-
derwetse methoden en zonder het gebruik van driehoekige
vlakken zou worden geschilderd.

Half an hour before the chimes begin, the scene outside the railings
of the Patriarchal Church of the Transfiguration of Our Lord is like
a wild party in the dance hall of a remote and dowdy workers' set-
tlement. Shrill-voiced girls in brightly colored scarves and slacks
(admittedly a few wear skirts) stroll about in threes, in four, push
their way into the church. But the nave is crowded. The old women
took their places early on Easter eve. They snap at each other and
the girls come out. They circle around the courtyard, shout inso-
lently, call each other from afar, and inspect the small green, pink
and white flames lit outside the windows of the church and besi-
de the tombs of canons and bishops. As for the boys—tough and
mean-looking—all have an air of victory (though what victories,
except perhaps knocking a ball through a goal, have they won in
their 15 or 20 years?). Nearly all are wearing caps (the few who are
bareheaded haven't taken theirs off here). One out of four is tipsy,
one out of ten is drunk. Every other one is smoking, and so disgus-
tingly, with his butt stuck to his lower lip! So that long before the
incense—in place of the incense—gray pillars of cigarette smoke
rise from the church courtyard, with its electric lights, toward the
Easter sky with its brown, motionless clouds.

Een half uur voordat de klokken gaan luiden, lijkt het
tafereel buiten in het voorportaal van de Patriarchale Kerk
van de Transfiguratie van Onze Heer op een wild feest in de
danszaal van een afgelegen en slonzige arbeidersnederzet-
ting. Schel klinkende meiden met felgekleurde sjaals en pan-
talons (toegegeven, een enkeling draagt een rok) slenteren
rond in groepjes van drie of vier, zich een weg banend de kerk
in. Maar het schip is al overvol. De oude vrouwen namen al
vroeg op Paasavond hun plaatsen in. Ze snauwen naar elkaar en de meisjes komen weer naar buiten. Ze lopen rondjes
over de binnenplaats, schreeuwen onbeschaamd, roepen elkaar van veraf toe en bekijken de kleine groene, roze en witte ikonenlichtjes die buiten de ramen van de kerk en naast
de graven van kanunniken en bisschoppen zijn aangestoken.
Wat de jongens betreft - stoer en arrogant van voorkomen –

ze verkeren allemaal in een overwinningsroes (maar welke overwinningen, behalve met een bal het doel treffen, hebben ze behaald met hun 15 of 20 jaar?). Ze dragen bijna allemaal petten (de weinigen die blootshoofds zijn, hebben die hier niet afgedaan). Eén op de vier is aangeschoten, één op de tien is dronken. Een op de twee rookt, en bepaald walgelijk, met hun peuk vastgeplakt aan de onderlip! Zo stijgen er lang voor de wierook – in plaats van de wierook – grijze sigarettenrookpluimen op van het kerkportaal met zijn elektrische lichten, naar de Paashemel in bruine, bewegingsloze walmen.

The boys spit on the pavement, dig each other in the ribs; some whistle shrilly, others swear obscenely and several tune into dance bands on their transistors. They hug their girls on the processional path and pull them from each other's arms and look them over cockily. At any moment you expect them to draw knives: first against each other, then against the believers. For the way these youngsters look upon believers is not as juniors upon their elders, not as guests upon their hosts, but as lords of the manor upon houseflies. Still, it doesn't come to knives. For decency's sake, three or four policemen are patrolling here and there. Nor are the obscenities roared across the yard, but merely shouted, as in hearty Russian talk. Legally there is no breach of public order for the police to see, so they look with friendly smiles upon the rising generation. You can't, after all, expect them to snatch the cigarettes from between their teeth or the caps from off their heads. The place is a public street, and to disbelieve in God is every citizen's constitutional right.

De jongens spugen op de stoep, porren elkaar in de ribben; sommigen fluiten schril, anderen vloeken obsceen en anderen zingen mee met dansbands op hun transistors. Ze omhelzen hun meisjes op het pad van de processie en trekken ze uit elkaars armen en nemen hen onbeschaamd van boven tot onder op. Elk moment zou je verwachten dat ze hun messen trekken: eerst tegen elkaar, dan tegen de gelovigen. Want de manier waarop deze knullen naar gelovigen kijken, is niet als jongelui naar hun ouderen, niet als gasten naar hun gastheren, maar als landheren naar vliegen. Toch komt het niet tot messen trekken. Uit fatsoen patrouilleren hier en daar drie of vier politieagenten. Evenmin worden er obsceniteiten over het erf gebruld, maar er wordt slechts geschreeuwd, net als in stoere Russische gesprekken. Juridisch gezien is er voor de politie geen sprake van een schending van de openbare orde, dus kijken ze met een vriendelijk glimlach naar de opkomende generatie. Je kunt immers niet van hen verwachten dat ze de sigaretten tussen hun tanden vandaan halen of de petten van hun hoofd rukken. De binnenplaats is een openbare ruimte en niet in God geloven is het grondwettelijke recht van elke burger.

> Pushed against the railings of the churchyard and the church walls, the believers, far from objecting, look around nervously for fear of getting a knife in the back, or of having their watches stolen—the watches on which they keep track of the remaining minutes before the Resurrection of Christ. Here, outside the church, they, the Orthodox, are much fewer than the grinning, milling rabble who oppress and terrorize them more than ever did the Tartars. The Tartars, surely, would have let up for Matins on Easter Sunday.

Aangeduwd tegen het hek van de begraafplaats en de muren van de kerk, kijken de gelovigen, zonder dat ze durven te protesteren, nerveus om zich heen uit angst dat ze een mes in de rug te krijgen, of dat hun horloges gestolen worden – de horloges die ze zo nodig hebben om de resterende minuten tot de Opstanding van Christus in te gaten houden. Hier, buiten de kerk, zijn zij, de Orthodoxen, in de minderheid vergeleken met het grijnzende, rondlopende gespuis dat hen meer onderdrukt en terroriseert dan de Tartaren ooit gedaan hebben. De Tartaren hadden het zeer zeker voor gezien gehouden tegen de tijd van de Metten op Paaszondag.

> The legal boundary to crime has not been crossed, the banditry is bloodless, the insult to the spirit is in the bandit leer of those grinning lips, the brazen talk, the courting, pawing, smoking, spitting— two paces away from the Passion of Christ. The insult is the triumphantly contemptuous expression with which the snotty brats have come to watch their grandfathers re-enact their forefathers' rites.

De wettelijke grens met de misdaad is niet overschreden, het banditisme is bloedeloos, de belediging voor de geest zit in de misdadige sluwheid van die grijnzende lippen, het brutale gepraat, de hofmakerij, het ruwe betasten, roken, spugen – twee passen verwijderd van het lijden van Christus. De belediging is de triomfantelijk minachtende uitdrukking waarmee de snotneuzen zijn gekomen om gade te slaan hoe hun grootvaders de riten van hun voorvaders wederom op-voeren.

Among the believers, one or two mild Jewish faces are to be seen. The Jews may have been baptized, or not. They, too, glance ner-vously around them as they wait for the procession. We all run down the Jews, the Jews are always in our way, but we'd do well to look: What kind of Russians have we raised? Look, and your heart stops still.

Onder de gelovigen zijn er een of twee zachtaardige Joodse gezichten te bespeuren. De Joden zouden al of niet gedoopt kunnen zijn. Ook zij kijken nerveus om zich heen terwijl ze op de processie wachten. Wij geven allemaal op de Joden af, de Joden zitten ons steeds in de weg, maar wij doen er goed aan om te kijken: Wat voor soort Russen hebben wij grootgebracht? Kijk, en je hart wordt er stil van.

Yet these are not our shock troops of the '30s—those who, yelling like demons, tore the Easter cakes from the believers' hands—oh no! These are moved by intellectual curiosity, as you might say. There is no more ice hockey on TV, and the football season hasn't yet begun—they're bored, that's why they crowd around the can-dlestand to buy candles, pushing Christians aside like sacks of straw and swearing at what they call "church businessmen."

Toch zijn dit niet onze stoottroepen van de jaren dertig – degenen die, schreeuwend als demonen, de paasbroden uit de handen van de gelovigen rukten – oh nee! Dezen worden bewogen door intellectuele nieuwsgierigheid, zou je kunnen zeggen. Er is geen ijshockey meer op TV, en het voetbalsei-zoen is nog niet begonnen – ze vervelen zich, daarom ver-dringen ze zich rond het kaarsenstalletje om kaarsen te ko-pen, duwen ze christenen opzij als zakken stro en vloeken op wat zij 'kerkelijke zakenlui' noemen.

One thing is remarkable: none are from Peredelkino, yet each knows all the others by name. How can this be? Are they all, perhaps, from the same factory? Can it be that they sign on for these hours of duty as they do for volunteer police work?

Eén ding is opmerkelijk: geen enkele komt uit Peredelkino, toch kent iedereen al de anderen bij naam. Hoe kan dat? Zijn ze allemaal wellicht uit dezelfde fabriek? Zou het kunnen dat ze zich aanmelden voor deze diensturen zoals ze het als vrijwilliger bij de politie doen?

The bell strikes loudly overhead—but there is something artificial about it: the strokes are tinny, somehow, not full-voiced and deep. The chimes announce the Easter procession.

De bel luidt hard boven ons – maar er is iets kunstmatigs aan: de slagen klinken schraal, in zekere zin, niet volgestemd en diep. De klokken kondigen de Paasprocessie aan.

But once again, the chief role goes, not to the believers, but to these same roaring youths. In twos and threes they burst into the yard, hurrying, yet not knowing where to look, which side to make for, where the procession will come from. They light their crimson Easter candles, and with the candles—with those candles they light their cigarettes, that's what they do with them!

Maar nogmaals, de hoofdrol is niet voor de gelovigen, maar voor diezelfde schreeuwende jongeren. Met zijn twee-en en drieën stormen ze de binnenplaats op, zich haastend, maar zonder te weten waar ze op moeten letten, welke kant ze op moeten, waar de processie vandaan zal komen. Ze steken hun vuurrode Paaskaarsen aan, en met de kaarsen – met díe kaarsen steken ze hun sigaretten aan, dat is wat ze ermee doen!

They crowd and wait as though for the beginning of the fox trot. All that's missing is a bar, so that these curly-headed lanky youths (our race is as tall as ever) may blow white beer foam onto the tombs.

Ze verdringen zich en wachten zoals bij het begin van de foxtrot. Het enige dat ontbreekt is een bar, zodat deze krulharige slungelige jongeren (de jeugd is net zo gegroeid als wij vroeger) witbierschuim op de graven kunnen blazen.

By now the head of the procession has moved down from the porch and turned into the yard to the sound of the carillon. Two businesslike men, who walk in front, ask the young comrades to make way a little. Three paces behind them an elderly processional personage, something like a verger, carries a pole topped by a heavy cut-glass lantern with a candle inside. He glances apprehensively up at the lantern, anxious to keep it steady, and as apprehensively from side to side. This—this is the picture I would paint if I knew how! What does the verger fear? That the builders of the new society will fall upon the Christians, that they will beat them up? The onlookers share his fear.

Inmiddels is de kop van de stoet in beweging gekomen vanuit het voorportaal beneden en is ze de binnenplaats opgedraaid onder het geluid van het carillon. Twee zakelijk ogende mannen, die voorop lopen, vragen de jonge kameraden om wat opzij te gaan. Drie passen achter hen draagt een oudere processieganger, klaarblijkelijk een koster, een paal met daarboven een zware lantaarn van geslepen glas met een kaars erin. Met een schuin oog blikt hij nauwlettend op naar de lantaarn, beducht om hem in evenwicht te houden, en even nauwlettend kijkt hij van links naar rechts. Dit – dit is het beeld dat ik zou willen schilderen als ik maar wist hoe! Waar is de koster bang voor? Dat de bouwers van de nieuwe samenleving de christenen aan zullen vallen, dat zij hen in elkaar zullen slaan? De toeschouwers delen zijn angst.

Trousered girls with candles, and boys in caps and unbuttoned raincoats, cigarettes between their teeth (there must be many faces in the picture, primitive, cheeky faces, with their ruble's worth of self-assurance and five kopecks' worth of understanding—though some are trusting, simple-mouthed) crowd around and watch a performance that no one can buy tickets to see. Following the lantern come two banner bearers. They, too, as though afraid, huddle together.

In lange broek geklede meisjes met kaarsen en jongens met petten op en losgeknoopte regenjassen aan, sigaretten tussen hun tanden (er moeten veel gezichten op het schilderij staan, primitieve, brutale gezichten, met hun roebelswaar-

de van zelfverzekerdheid en vijf kopekeswaarde van begrip
– ofschoon sommigen vertrouwend zijn, eenvoudig van taal)
zich verdringen rond en kijken naar een optreden waar niemand kaartjes voor kan kopen om het te zien. Na de lantaarn
volgen twee vaandeldragers. Ook zij kruipen, alsof ze bang
zijn, bij elkaar.

And behind them, in five rows of twos, come ten women with thick,
burning candles in their hands. They too must all be in the picture.
The women are elderly, with strong, dedicated faces, ready to die
should the tigers be loosed. Only two are young—as young as the
girls who crowd with the boys—but how innocent their faces and
how full of light! Ten women sing and walk in serried ranks. They
are as triumphant as though all around them were people crossing
themselves, praying, repenting, bowing to the ground. These women do not smell the cigarette smoke, their ears are closed to the
obscenities, their feet move across the yard not sensing that it has
turned into a dance floor.

En achter hen, in vijf rijen van twee, komen tien vrouwen met dikke, brandende kaarsen in hun handen. Ook zij
moeten allemaal op het schilderij komen. De vrouwen zijn op
leeftijd, met sterke, toegewijde gezichten, klaar om te sterven als de tijgers worden losgelaten. Slechts twee zijn jong
– zo jong als de meisjes die met de jongens samenscholen –
maar hoe onschuldig zijn hun gezichten en hoe vol licht! Tien
vrouwen zingen en lopen in aaneengesloten rangen. Ze zijn
zo triomfantelijk alsof overal om hen heen mensen kruiste-
kens maken, bidden, zich bekeren, buigen tot op de grond.
Deze vrouwen ruiken de sigarettenrook niet, hun oren zijn
gesloten voor de obsceniteiten, hun voeten bewegen over de
plaats en ze voelen niet dat het een dansvloer is geworden.

So begins the Easter procession. Something reaches out to the
young jungle beasts on either side and they grow a little quieter.
Following the women come priests and deacons in pale chasu-
bles—about eight of them. But how huddled together they are,
crowding together, getting in each other's way, so that there is scar-
cely room to swing a censer. Yet here, if he had not been dissuaded,
the Patriarch of all the Russias could have celebrated the liturgy
and walked in the procession!

Zo begint de Paasprocessie. Iets dringt door tot de jonge roofdieren aan weerszijden en ze worden wat rustiger. Na de vrouwen komen priesters en diakens in lichte gewaden – zo'n acht in getal. Maar hoe bijeengekropen zijn ze, samendringend, elkaar in de weg lopend, zodat er nauwelijks ruimte is om een wierookvat te zwaaien. Toch juist hier, als het hem niet was afgeraden, had de Patriarch van alle Russen de Liturgie kunnen vieren en in de processie mee kunnen lopen!

Close together, hastily, they pass, anuitd after them—after them there's no one! That's the end of the procession! There are no worshipers, no pilgrims following the priests because, should they leave the church, they could not get in again.

Dicht bij elkaar, haastig, gaan ze voorbij, en na hen – na hen is er niemand! Dat is het einde van de processie! Er zijn geen aanbidders, geen pelgrims die de priesters volgen, want als ze de kerk zouden verlaten, zouden ze niet meer naar binnen kunnen komen.

There are no worshipers in the procession, but now—now the rabble breaks in. As though pouring through the smashed doors of a store, as though hurrying to grab the loot, to steal the rations, sweeping past the gate posts, whirled into the torrent, boys and girls push and jostle and shove their way —why? They themselves don't know. To watch the priests fooling about? Or just to jostle? Is that their assigned task?

Er zijn geen aanbidders in de processie, maar nu – nu breekt het gepeupel los. Alsof ze door de ingeslagen deuren van een winkel stormen, alsof ze zich haasten om de buit te pakken, om de rantsoenen te stelen, zich wurmend langs de deurposten, dwarrelend de stroom in, jongens en meisjes duwen en met de ellebogen werkend dringen ze zich naar voren - waarom? Ze weten het zelf niet. Om te zien hoe de priesters rondlummelen? Of gewoon om te verdringen? Is dat de hun toegewezen taak?

A procession with no one praying! A procession with no one making the sign of the cross! A procession in hats, with cigarettes, with transistors slung around necks! The picture must include the front

rows of the crowd as they squeeze through the railings—then it will
be complete! One old woman, standing aside, crosses herself and
says to another: "It's good this year—no hooliganism. Look how
many policemen ..." So now we know. It was worse in other years.

Een processie zonder dat iemand bidt! Een processie
waarbij niemand het kruisteken maakt! Een processie met
hoeden op, met sigaretten, met transistors om de nek ge-
slingerd! Het schilderij moet de voorste rijen van de menigte bevatten terwijl ze zich langs de hekken werken - dan zal
het compleet zijn! Een oude vrouw, die aan de kant staat, be-
kruist zichzelf en zegt tegen een ander: "Het is goed dit jaar
– geen hooliganisme. Kijk eens hoeveel politieagenten ..." Dus
nu weten we het. In andere jaren was het erger.

Ah, so that's it. This is one of the better years. These millions we
have bred and reared – what will become of them? Where have the
enlightened efforts and the inspiring of great thinkers led us? What
good can we expect of our future generations? The truth is that
one day they will turn and trample on us all. And as for those who
urged them on to this, they will trample on them too.

Aha, dat is het dus. Dit is een van de betere jaren. Deze
miljoenen die we hebben voortgebracht en opgevoed – wat
zal er van hen worden? Waar hebben de verlichte inspannin-
gen en de inspiratie van grote denkers ons naartoe geleid?
Wat voor goeds kunnen we van onze toekomstige generaties
verwachten? De waarheid is dat ze zich op een dag zullen
omkeren en ons allemaal zullen vertrappen. En wat betreft
degenen die hen hiertoe aanspoorden, ze zullen ook hen vertrappen.

Paaszondag,
10 april 1966

Andere titels van Vader Alexander Schmemann

Great Lent: Journey to Pascha. (Crestwood: St.Vladimir's Seminary Press,1969).

Foor the Life of the World: Sacraments and Orthodoxy. (Crestwood: St.Vladimir's Seminary Press,1970).

Liturgy and Life: Christian Development Through Liturgical Experience. (New York: DRE,1974).

Of water and the Spirit: A Liturgical Study of Baptism. (Crestwood: St.Vladimir's Seminary Press,1974).

Introduction to Liturgical Theology. (Crestwood: St.Vladimir's Seminary Press,1975).

The Historical Road of Eastern Orthodoxy. (Crestwood: St.Vladimir's Seminary Press,1977).

Ultimate Questions: An Anthology of Modern Russian Religious Thought. (Crestwood: St.Vladimir's Seminary Press,1977).

Church, World, Mission: Reflections on Orthodoxy in the West. (Crestwood: St.Vladimir's Seminary Press,1979).

The Eucharist: Sacrament of the Kingdom. (Crestwood: St.Vladimir's Seminary Press,1988).

Liturgy and Tradition: Theological Reflections of Alexander Schmemann. (Thomas Fisch ed.) (Crestwood: St.Vladimir's Seminary Press,1990)

Celebration of Faith: I Believe......, Vol 1. (Crestwood: St.Vladimir's Seminary Press,1991).

Celebration of Faith: The Church Year, Vol 2. (Crestwood: St.Vladimir's Seminary Press,1994).

Celebration of Faith: The Virgin Mary, Vol 3. (Crestwood: St.Vladimir's Seminary Press,1995).

www.ingramcontent.com/pod-product-compliance
Lightning Source LLC
LaVergne TN
LVHW051109180726
843512LV00011B/766